# 1888

CB025174

# Marcos Costa

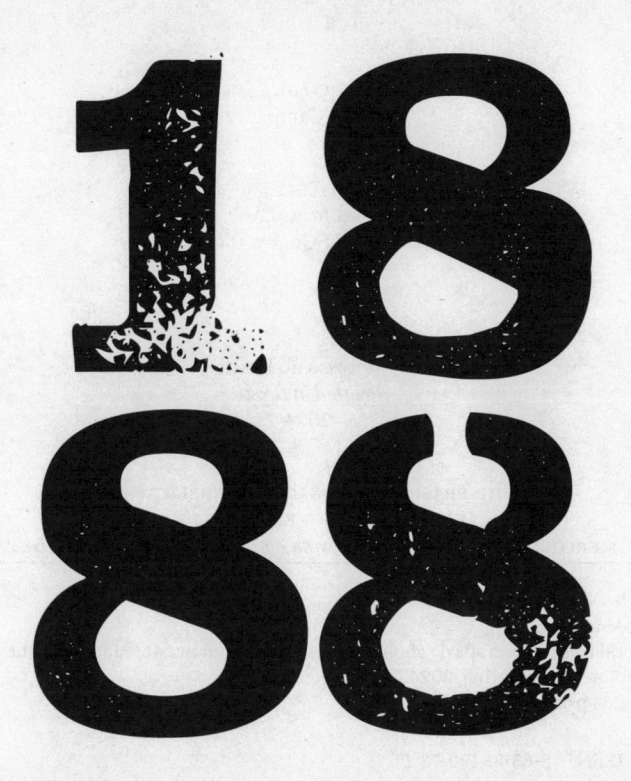

# 1888

UMA BIOGRAFIA DA ABOLIÇÃO DA ESCRAVIDÃO NO BRASIL

## valentina

Rio de Janeiro, 2024

1ª edição

PROJETO GRÁFICO DE CAPA E MIOLO
Sérgio Campante

DIAGRAMAÇÃO
Fátima Affonso / FQuatro Diagramação

Impresso no Brasil
*Printed in Brazil*
2024

CIP-BRASIL. CATALOGAÇÃO NA PUBLICAÇÃO
SINDICATO NACIONAL DOS EDITORES DE LIVROS, RJ
MERI GLEICE RODRIGUES DE SOUZA – BIBLIOTECÁRIA – CRB-7/6439

C874m

Costa, Marcos
    1888: uma biografia da abolição da escravidão no Brasil / Marcos Costa. - 1. ed. - Rio de Janeiro: Valentina, 2024.
    264 p. il. ; 21 cm.

    ISBN 978-65-88490-73-0

    1. Brasil - História - Abolição da escravidão, 1888. I. Título.

24-88405

CDD: 981.04
CDU: 94(81).063

EDITORA VALENTINA
Rua Santa Clara 50/1107 – Copacabana
Rio de Janeiro – 22041-012
Tel/Fax: (21) 3208-8777
www.editoravalentina.com.br

*"A história do mundo mostra, do modo mais concludente, que a prosperidade pública está sempre numa proporção quase matemática para o grau de liberdade de que gozam todos os habitantes do Estado."*

Frederick Law Olmsted

# SUMÁRIO

# INTRODUÇÃO

## A PERGUNTA

Escravos oriundos do continente africano, como sabemos, foram trazidos aos milhares para o Brasil nos períodos colonial e imperial. Não só para o Brasil, mas para muitas regiões da América Central e do Norte.

A principal pergunta a que devemos responder e que atormenta aqueles que se debruçam sobre a análise do tema é: Por que a escravidão moderna teve como foco principal o continente africano, ou melhor, certas regiões do continente africano?

Quais circunstâncias, quais arranjos históricos estiveram por trás desse fenômeno de transferência do maior contingente humano que não encontra precedentes em toda a história da humanidade?

Vejamos.

A escravidão foi, desde o início da história do homem, uma realidade muito presente; ela se dava sobretudo nas relações de guerra: os vencedores — quando lhes convinha — escravizavam os derrotados e os colocavam para trabalhar. O comércio de pessoas existia, porém de forma diminuta, aleatória e não sistematizada. As grandes invasões vikings, por exemplo, visavam sempre o saque e a obtenção de riquezas. A escravidão ficava em segundo plano, pois, em tempos de escassez de alimentos, a manutenção de grandes contingentes de escravos era onerosa e contraproducente.

Como em toda relação comercial, para se organizar, para se sistematizar, a escravidão precisou que os dois fenômenos correlatos — oferta e procura — se encontrassem e entrassem em equilíbrio. Esse fenômeno foi acontecendo aos poucos, mas, quando se ajustou, o que gerou foi o florescimento de um dos maiores e mais rentáveis comércios da história da humanidade. Entre os séculos XVI e XVIII, somente os banqueiros e alguns poucos comerciantes eram mais ricos que os traficantes de escravos. O escravo como produto rentável e, portanto, objeto de um comércio sistematizado é mesmo coisa da modernidade, ou seja, quando se apresentaram ou foram criadas todas as condições favoráveis.

Não tenham dúvidas, onde existir alguém disposto a comprar determinado produto, mais dia, menos dia, vai aparecer alguém para vender esse produto. Trata-se de uma lógica infalível das relações humanas o jogo da oferta, da procura e do lucro.

Foi essa lógica que moveu, e ainda move, a humanidade.

## A GEOGRAFIA

O livro mais importante de Fernand Braudel é *O Mediterrâneo e o mundo mediterrânico na época de Filipe II*. Curiosamente, o personagem principal do livro não é Filipe II, nem qualquer país ou povo banhado por esse mar. O personagem principal é o mar Mediterrâneo propriamente dito. Foi ele que permitiu o amálgama de uma série de acontecimentos e a interseção de inúmeras culturas que, sem ele, talvez jamais tivessem construído o convívio e a socialização que construíram. Foi através do Mediterrâneo que se iniciaram e se desenvolveram intensas relações comerciais, vertentes, por sua vez, de novas relações sociais, consequências do conhecimento da cultura de outros povos e que provocaram o desenvolvimento das cidades em detrimento do campo, da vida urbana em detrimento da vida rural — sepultando de vez o feudalismo —, o avanço científico e, por fim, o sepultamento da Idade Média. Toda uma era terminou e outra se iniciou com a intensificação das relações sociais e comerciais que se deram no Mediterrâneo.

Assim também podemos dizer que o personagem principal do complexo mercado de escravos, que surgiu no início do mundo moderno, não são o escravo nem o comerciante. O personagem principal de toda a história que foi construída são as correntes marítimas do Atlântico Sul. Foram elas que conduziram os homens, permitiram seu contato e foram, portanto, determinantes para toda a longa história que se passou desde o início do século XVI. Sem elas, provavelmente as histórias da costa oeste da África e do Brasil seriam outras. Sem elas, talvez esses homens jamais tivessem se encontrado. Sem elas, a História da América seria outra e, por fim, sem elas, a história do mundo também seria outra.

No caminho para as Índias pelo Atlântico Sul, existe uma peculiaridade chamada *volta do mar*. Uma característica do mar, de suas correntes oceânicas, que fazia com que a viagem para as Índias — ou o caminho das Índias — seguisse um trajeto um pouco estranho. Os navios saíam de Portugal e desciam rumo ao Sul até a altura de Cabo Verde, onde eram arrastados para Oeste pelas correntes marítimas e só desciam em direção ao Sul, quando navegavam finalmente para Leste. Atravessavam, então, o Cabo das Tormentas — a ligação entre o Atlântico e o Índico — e entravam em contato com as chamadas Índias. Na volta, atravessavam o Cabo da Boa Esperança, e as correntes que passam pela costa oeste da África os conduziam em direção ao Atlântico Norte.

A geografia e os fenômenos naturais sempre ajudaram a escrever e a transformar a história da humanidade — ora criando pontes e, portanto, pontos de contato, ora criando obstáculos e, portanto, rupturas e isolamentos.

## O MERCANTILISMO

Ao longo de todo o período em que vigorou o mercantilismo, a dinâmica do mundo esteve centrada no comércio. Mas... o que era exatamente o comércio nessa época? Não muito diferente do que é hoje — ou seja, compra e venda de produtos onde isso fosse possível, e troca onde apenas comprar e vender não fosse algo viável por limitações em matéria de dinheiro (de meio circulante).

É curioso notar que os países mais desenvolvidos do mundo atualmente, como Alemanha, Inglaterra e França, não tinham muito o que oferecer, o que vender ao mercado externo. O grande negócio da época — século XVI — era a compra de produtos orientais, da China, da Índia, da África e do Oriente Médio, e a venda desses mesmos produtos, com bons lucros, nos mercados internos dos países da Europa. Eram produtos primários, como especiarias, produtos artesanalmente processados, como tecidos, joias, utensílios etc., expostos em grandes feiras, algumas itinerantes, que visitavam diversas cidades às margens de importantes rotas comerciais.

Essa política mercantilista durou até a Revolução Industrial, quando os países europeus inverteram a lógica, ou seja, passaram eles próprios a fabricar seus produtos e vendê-los ao mundo todo, e indo buscar nos outros países apenas a matéria-prima.

Essa troca comercial saudável, que ocorria entre Oriente e Ocidente, se dava no mar Mediterrâneo, e, enquanto ficou restrita a essa região, não havia escravidão, pelo menos não de forma sistemática e na intensidade com que viria a ocorrer décadas depois. Um jogo comercial mantinha o equilíbrio entre os diferentes interesses. A expansão do Império Otomano no norte da África e a expansão comercial pelo Atlântico Norte e Sul desestabilizaram as condições que já eram sustentadas por filigranas, e então um novo tempo começou.

## O ESCRAVO AFRICANO

Nas relações que os portugueses estabeleceram com povos na costa oeste da África — Bissau, Cabo Verde, Guiné, Congo, Angola —, ou seja, no caminho de volta das Índias, em pouquíssimos deles foi possível construir relações comerciais. Havia muitos povos originários — como aqueles que os portugueses encontrariam décadas mais tarde na costa do Brasil — que não tinham a cultura do comércio, do lucro.

Em troca por produtos oferecidos pelos portugueses nessas localidades, certamente havia bastante oferta de prisioneiros oriundos dos conflitos locais, produto esse de pequenas disputas territoriais. A demanda dos portugueses por escravos é que iria provocar e determinar a revolução que se viu nas relações sociais dos povos africanos a partir de então. Foram muitas as guerras e os conflitos fomentados pelo comércio de escravos. Antes da demanda, a oferta não existia, ou era limitadíssima. Para os comerciantes não interessava nenhum outro aspecto senão o econômico, e foi em nome da alta lucratividade que a escravidão se consolidou como um negócio local. Havia escravos em Portugal, mas a demanda não era grande, e esse "produto", portanto, não interessava muito aos comerciantes, ao menos naquele primeiro momento.

Porém, todos sabiam que, em algumas regiões da costa africana, havia um grande potencial de oferta de escravos, e, quando a demanda surgiu de forma assustadoramente voraz — estamos falando aqui do início da colonização do Brasil —, os comerciantes sabiam exatamente onde os encontrar.

As plantações de cana-de-açúcar e os engenhos no Brasil de meados do século XVI demandavam intensa labuta, que, por sua vez, exigia um contingente enorme de trabalhadores. A demanda por açúcar na Europa, a demanda por trabalhadores braçais no Brasil e a oferta de escravos em algumas regiões da costa oeste da África, unidas ao sistema peculiar de navegação, que obrigava que, para ir às Índias, os navios portugueses passassem próximo à costa brasileira — ou seja, próximo justamente da região que mais demandava escravos — e que para voltar das Índias passassem próximo à costa oeste da África — ou seja, próximo à região que os ofertava —, criaram um ciclo extremamente auspicioso para os negócios. Tanto que a essa esteira se juntaram Espanha, Inglaterra e Holanda, entre outros. Esse quadro, que começava poucas décadas antes da descoberta do Brasil, só viria a sofrer uma mudança substancial no mundo a partir da Revolução Industrial. No Brasil, somente em 1850.

## O BRASIL

Em relação ao Brasil no período colonial (século XVI ao século XIX), essa lógica vigorou e permaneceu quase inalterada. Uma questão que também intriga aqueles que estudam a escravidão é: Por que não se escravizaram os indígenas? Desde 1570, Portugal proibia por lei — a lei sobre a liberdade dos gentios — a escravidão indígena. Havia também uma bula papal condenando essa prática. O motivo era meramente o de proteger o lucrativo comércio de escravos do continente africano. O escravo, para o comércio português, era apenas um valor agregado, pois, no início das navegações, os portugueses não buscavam nem imaginavam que um dia iriam comercializá-lo.

Para os produtores de cana-de-açúcar, para os engenhos, a escravização indígena seria muito mais interessante do ponto de vista econômico. Mas os acertos, os contratos e a parceria com Portugal tinham como requisito mais importante o monopólio português na oferta de mão de obra escrava.

Quando se iniciou o Império em 1822, a questão já se mostrava profundamente enraizada. Uma complexa estrutura escravista estava de tal modo implantada — já eram 300 anos de desenvolvimento — que qualquer mudança teria que ser efetuada a fórceps.

O Primeiro Reinado terminou no Brasil exatamente um ano após começar a vigorar o primeiro grande passo para a abolição do comércio e contrabando de escravos. O tratado firmado entre Brasil e Inglaterra, em 1826, foi o começo do fim do Primeiro Reinado; a data do início de sua execução — 1831 — foi a pá de cal que o regime, de certa forma, já esperava.

Assim como o Primeiro Reinado, o Segundo Reinado também terminou exatamente um ano após a aprovação da lei, em 1888, que acabava com a escravidão no Brasil. Em 1889, como sabemos, um golpe militar instaurou a República no Brasil sob forte apoio da classe de proprietários, que havia perdido parte dos investimentos que fizera em escravizados.

Assim como no Primeiro Reinado, uma lei contra a escravidão significou também a pá de cal no Segundo Reinado.

Nada do que tratamos até aqui foi, evidentemente, mera coincidência.

# A RESPOSTA

Desde as primeiras viagens, ainda antes do descobrimento do Brasil, os portugueses fundaram feitorias em algumas regiões da África. A partir da colonização do Brasil e da proibição contratual da escravização do indígena, que, como já dissemos, para os produtores de açúcar seria mais viável economicamente, o comércio de escravos foi se sofisticando à medida que a demanda aumentava. De produto secundário, que apenas agregava valor à viagem de transporte do produto principal, o escravo se tornou produto principal à mesma medida que o comércio se especializava. Com o escravo rendendo mais do que o comércio com as Índias, muitos comerciantes se especializaram no negócio e, por séculos, dominaram o comércio no Atlântico Sul. Daí o deslocamento do Mediterrâneo para o Atlântico, as peculiaridades geográficas, a colonização do Brasil, a produção de açúcar e o trabalho escravo africano. A Portugal ficou reservada a oferta de mão de obra de forma exclusiva e monopolística. Todos esses fatores criaram o sistema escravista.

Analisar o que determinou a escravidão dos povos africanos não passa, portanto, por uma abordagem étnica ou racial, mas por uma abordagem meramente geográfica, geopolítica e econômica, que foi o foco de toda a movimentação humana que se realizou naquele período.

Qualquer povo que habitasse a costa oeste da África nas condições que habitavam os povos que os portugueses por lá encontraram e que não conseguisse resistir à guerra estava desgraçadamente condenado à escravidão, independentemente de suas características fenotípicas, de sua cultura e de sua etnia.

# PARTE I

O FIM DO TRÁFICO DE ESCRAVOS

# O DIA DO JUÍZO FINAL

Entre os dias 7 e 13 de maio de 1888, ao que tudo indicava, pois os precedentes eram contundentes, explodiria uma bomba na rua 1º de Março, na praça XV, no Centro do Rio de Janeiro. Estava acontecendo ali, na Câmara e no Senado, a votação da Lei Áurea — um movimento em direção à ruptura mais significativa e radical da História do Brasil. As galerias estavam lotadas e esperava-se que, naquela arena, se digladiassem escravocratas e abolicionistas.

Antes e depois da aprovação, duas vozes se ergueram como trovões: as do Barão de Cotegipe e de Paulino de Souza.

João Maurício Wanderley — o Barão de Cotegipe — nutria, naquele momento, um ódio mortal pela Princesa Isabel. Nascido em Pernambuco, Cotegipe havia feito até então uma longa carreira política: fora deputado, senador, ministro da Marinha, ministro da Fazenda, ministro das Relações Exteriores e, desde 1885, era o presidente do Conselho de Ministros, ou seja, o primeiro-ministro do Brasil. Havia sido no mandato dele, em 1885, que passara a conservadora Lei dos Sexagenários. Em março de 1888, a Princesa Isabel e ele bateram de frente. Ela exigia a demissão do chefe de polícia que havia prendido alguns militares, e ele se negava a fazê-lo. Medindo sua reputação, o ministro apresentou uma carta de demissão para ver até onde ela iria chegar. A princesa aceitou e livrou-se de um escravocrata convicto, que certamente criaria empecilhos ou sequer apresentaria o projeto de lei em 1888.

O outro discurso foi de Paulino de Souza — filho de Paulino José Soares de Souza, o Visconde de Uruguai, deputado que participou das legislações que discutiram o fim do tráfico de escravos, e ministro da Justiça, quando foi responsável pela reforma do Código Penal de 1841, que não alterava em nada o Código Penal de 1830 em suas rigorosíssimas penas aos escravizados. Paulino, o filho, estudou no Colégio Pedro II e depois se formou em Direito na Faculdade de São Paulo, quando ganhou como prêmio o cargo de segundo secretário numa viagem oficial do governo brasileiro a Paris, conduzida por seu pai. Era fazendeiro e detentor de escravizados, e, assim, a verve de seu discurso era mais do que justificável. Mas seu voto era voto vencido, e dali a pouco a lei seria irremediavelmente assinada.

De seus lábios, portanto, escorria o veneno típico dos derrotados. No discurso, por sinal bastante agressivo, o conselheiro Paulino de Souza disse:

*"É sabido, sr. Presidente, e os jornais todos que li esta manhã anunciavam, que S. A. a Sereníssima Princesa Imperial Regente desce hoje de Petrópolis e está a uma hora do Paço da Cidade à espera da deputação desta casa para sancionar e mandar promulgar já a medida ainda há pouco por V. Exa. sujeita à deliberação do Senado. Cumpri, como as circunstâncias permitiram, o meu dever de senador, passo a cumprir o de cavalheiro, não fazendo esperar uma dama de tão alta hierarquia."*

E tinha razão, a Princesa Isabel — por que não dizer a Rainha Isabel I, já que àquela altura toda a configuração do Terceiro Reinado estava formatada e não se sabia sequer se o imperador conseguiria voltar vivo da Europa — estava esperando próximo dali, no Paço Imperial, o fim da deputação no Senado para assinar a lei.

Mas esse, caro leitor, foi apenas um dos diversos discursos proferidos naquele dia. Como veremos adiante, um mais ferino e mais mordaz que o outro. Todos nós sabemos que de nada adiantou, e o fim da escravidão no Brasil foi realmente decretado naquele 13 de maio de 1888.

Depois de aprovada a lei, uma das cenas finais naquele dia foi a conversa que tiveram ao pé do ouvido a Princesa-Rainha Isabel e o Ministro-Barão de Cotegipe. A princesa disse ironicamente: *"Então, sr. barão, ganhei ou não ganhei a partida?"* O barão teria respondido, enfurecido: *"A senhora ganhou a partida, mas perdeu o trono."*[1]

Todos nós sabemos o que ele estava vaticinando: os acontecimentos do dia 15 de novembro de 1889 lhe dariam razão.

Mas por que essa animosidade toda com a princesa e com o fim já bastante tardio do crime contra a humanidade chamado escravidão?

Simples, porque segundo um dos maiores historiadores do Brasil, Sérgio Buarque de Holanda, em seu livro *Raízes do Brasil*, a abolição da escravidão no Brasil foi, nada mais, nada menos, o episódio mais revestido de sentido e relevância em toda a História do Brasil. Ele diz: *"1888 representa o marco divisório entre duas épocas; em nossa evolução nacional, essa data assume significado singular e incomparável."*[2] Não era, portanto, coisa insignificante o que havia ocorrido naquela tarde de 13 de maio.

A Princesa Isabel sabia exatamente a dimensão daquilo que estava fazendo. Ela sabia exatamente a consequência de seus atos para o bem do país e para a desgraça da monarquia. Poderia ter simplesmente mantido o *status quo*, o que seria mais cômodo, mas resolvera arriscar e, como sabemos, não estava arriscando qualquer coisa. Quem no mundo, diante da possibilidade de assumir um reino como rainha, teria o desprendimento de colocar tudo a perder, como perdeu realmente, em favor da emancipação da escravidão e da libertação dos escravizados?

Mas antes desse passo decisivo da Princesa Isabel, ou da Rainha Isabel I, um vasto terreno foi se sedimentando aos poucos. Muitos trabalharam para que ela formasse a convicção de que deveria tomar a decisão que tomou. Muitos dos que, ao longo do Primeiro e do Segundo Reinados, ousaram, diante das circunstâncias adversas, propor tal mudança, ou seja, a abolição da escravidão, foram alvo de perseguições, boicotes, e tiveram, inclusive, suas vidas e carreiras prejudicadas. Enfrentar forças econômicas, e consequentemente políticas, redundava sempre em difamação, perseguição e, finalmente, ostracismo social completo. Foi esse o cenário em que se moveram os primeiros e heroicos abolicionistas.

Mas não vamos nos antecipar, pois 1888 foi a estação final de um trem que partiu nos anos 1820, talvez antes, em 1808, quando a família real portuguesa desembarcou no Brasil. Existiram, nesse caminho, vários avanços e retrocessos, várias estações, vários percalços e vários desafios, alguns dos quais foram vencidos e outros, não.

Será em busca desse percurso que este livro irá atrás. É a biografia da abolição da escravidão no Brasil que queremos apresentar. Os prós e os contras, as várias fases, os momentos quentes e frios, as idas e vindas, os discursos, os ódios, as mudanças, enfim, toda a trama que leva dos primeiros passos dados para o fim do tráfico de escravos até a abolição da escravidão em 1888.

# 1822

## OS PRIMEIROS PASSOS

Os primeiros passos no sentido de abolir a escravidão no Brasil foram dados em direção à extinção do tráfico de escravos no Atlântico Sul. Fora a Inglaterra que havia primeiramente se posicionado contra a escravidão e o tráfico, e, em relação ao Brasil, esperava-se apenas uma oportunidade, que surgiu ao se iniciarem as tratativas para o reconhecimento da sua independência, quando então as cartas foram dispostas na mesa de negociação.

Havia, na Inglaterra da Revolução Industrial, uma forte oposição à escravidão, e essa oposição começava a criar barreiras quase intransponíveis para aqueles que lidavam com o negócio do tráfico. O Brasil ficava numa encruzilhada, pois, como nação recém-independente, dependia dos ingleses para manter sua incipiente soberania, e o reconhecimento dessa independência — disso todos estavam plenamente conscientes —, não viria de graça, implicaria certamente seguir certas diretrizes que seriam impostas pelos ingleses, entre elas, o fim do tráfico, ou, ao menos, o início do combate a ele.

A fatura seria, como se pôde ver, alta.

Como era de se esperar, a questão da abolição do tráfico de escravos no Brasil entrou em pauta no processo de busca de reconhecimento da sua independência na Inglaterra. Em 1822, nos primeiros momentos imediatamente após a independência, havia uma tensão enorme, uma inquietação, uma ansiedade sobre como a Inglaterra — que era a maior aliada de Portugal — reagiria a tal situação.

Se a Inglaterra ficasse incondicionalmente do lado de Portugal, o projeto de independência do Brasil redundaria inevitavelmente em enorme fracasso. Maior potência econômica e militar da época, não havia como enfrentar e vencer os ingleses, salvo no campo diplomático; e ainda assim, somente se a balança estivesse pendendo fortemente para o lado deles, é claro. Havia, no entanto, um trunfo que era preciso saber aproveitar: o imenso interesse comercial inglês pelo Brasil. E foram essas oportunidades comerciais que determinaram, portanto, a opção da Inglaterra em apoiar o Brasil na jornada da sua independência.

Era nesse xadrez, nesse terreno movediço, que as coisas caminhavam.

No processo de combater veementemente o tráfico de escravos no Atlântico, a Inglaterra havia efetuado uma série de acordos com Portugal. A condição para reconhecer a independência do Brasil, disso o Imperador D. Pedro I e seus conselheiros estavam cientes, passaria necessariamente pela formulação de novos acordos em substituição àqueles feitos com Portugal no sentido de combater o tráfico de escravos. Essa foi a principal condição e, consequentemente, o principal empecilho no processo de reconhecimento da independência do Brasil.

Embora a questão da escravidão fosse considerada um problema exclusivamente brasileiro, a questão do tráfico de escravos não era um problema meramente local, ou mesmo nacional; era um problema internacional. Desse modo, qualquer decisão tomada internamente pelo Parlamento, no sentido da manutenção da escravidão e do tráfico de escravos, precisava levar em consideração também outros interesses.

Na verdade — e na realidade —, era preciso combinar com os ingleses.

Essa era a forma como finalmente o odioso tráfico de escravos havia sido enquadrado — tardiamente, diga-se de passagem — nas décadas iniciais do século XIX. Acuado entre dois predadores, D. Pedro I, a presa, tinha que definir a qual dos dois cederia: à Inglaterra ou aos riquíssimos traficantes, que, naquela época, mandavam no Brasil. Tratava-se de um problema cuja solução mostrava-se difícil de dimensionar. Por isso mesmo, as negociações se estenderiam até o ano de 1825.

## CALDEIRA BRANT EM LONDRES

No dia 2 de novembro de 1822, portanto menos de dois meses depois de declarada a independência do Brasil em 7 de setembro, estava em Londres Felisberto Caldeira Brant Pontes de Oliveira Horta, futuro Marquês de Barbacena, que procurou o secretário de Estado dos Negócios Estrangeiros da Inglaterra e futuro Primeiro-Ministro, George Canning, para sondar a disposição daquele país em aceitar, apoiar e reconhecer a independência do Brasil.

Brant ouviu do secretário que a Inglaterra não se furtava em declarar razoáveis as pretensões do Príncipe Regente do Brasil e dos brasileiros. Havia, no entanto, um porém que incomodava a Inglaterra e poderia colocar algum obstáculo nas pretensões brasileiras: "*a sua obstinação* [do príncipe] *para a continuação do infame tráfico da escravatura*".[3]

O primeiro obstáculo que poderia pairar sobre o reconhecimento da independência do Brasil, que era a rejeição da Inglaterra, estava dissipado; havia uma predisposição.

A segunda audiência ocorreu no dia 14 de novembro. O secretário inglês disse *"poder quase assegurar que S. M. Britânica reconheceria imediatamente a pretendida independência (ou, antes, autonomia), caso Brant garantisse que, feito o reconhecimento, o Príncipe aboliria o tráfico"*.[4]

A condição, um detalhe para a Inglaterra, representava muito para o Brasil. Trezentos anos de escravidão haviam enraizado uma estrutura econômica profundamente dependente do trabalho escravo. Embora responsável pelo atraso econômico do país e embora também fosse o negócio de uma pequena e diminuta parcela da população, essa elite financeira era, por causa do poder econômico, dona também do poder político.

FELISBERTO CALDEIRA BRANT PONTES DE OLIVEIRA HORTA

Se o Brasil dependesse do reconhecimento da França ou da Holanda, talvez as exigências em torno da supressão do tráfico se mostrassem um pouco menos radicais. Não que os dois países fossem coniventes, pois o tráfico e a escravidão já eram amplamente condenados de forma quase unânime por lá também, mas é que a Inglaterra constituía-se, particularmente naquele momento, o berço e a arena do antiescravismo no mundo.

Em 1776, David Hartley, filho do famoso filósofo de mesmo nome, havia apresentado, na Câmara dos Comuns, o primeiro projeto contra o tráfico negreiro. Em 1787, outro inglês, William Wilberforce, inspirado na seara aberta por Hartley, conduzira uma intensa campanha parlamentar contra o comércio de escravos que resultara na lei de 1807 para a abolição de tal comércio. Mais tarde, em 1833, por iniciativa dele, seria sancionada a lei de abolição da escravidão em todo o Império Britânico. Havia, portanto, em 1822, um movimento bastante sedimentado e muito ativo na Inglaterra contra a escravidão, que envolvia a participação da fina flor da intelectualidade britânica, tal como poetas, filósofos, teólogos, políticos e economistas.

Foi essa resistência que Caldeira Brant encontrou e teve que enfrentar em Londres na busca pelo reconhecimento da independência do Brasil.

Brant consultou o Rio de Janeiro sobre as exigências de supressão do tráfico e retornou para o secretário a seguinte resposta oficial:

*"Nem o Príncipe, nem o Ministério, nem os Brasilienses desejam de modo algum a continuação daquele infame tráfico da espécie humana, porém a massa geral do povo resiste com obstinação [...]".* Entretanto, ele acreditava que tal obstinação tendia a desaparecer *"por motivos de gratidão à S. M. B., se a Nação Brasiliense conseguir imediatamente o reconhecimento da sua Independência".*[5]

E maviosamente deixou no ar a preocupação de que o príncipe, se *"abandonado pelo melhor, e mais antigo aliado da Casa de Bragança, e ao mesmo tempo atacado por tropas, e emissários dos facciosos de Lisboa [...] sentir-se-ia forçado [...] a lançar-se nos braços do Governo Americano."*[6]

Seria uma ameaça à Inglaterra ventilar a possibilidade de unir-se, naquele momento, ao seu maior rival?

Tudo estratagemas para não enfrentar a questão da escravidão.

## A REAÇÃO INGLESA À AMEAÇA DE BRANT

Essa ameaça do Brasil de aproximação com os Estados Unidos, caso a Inglaterra impusesse empecilhos ao reconhecimento da sua independência, não soou bem aos ouvidos ingleses. O tema Estados Unidos era ainda muito sensível naquele momento. A independência dos Estados Unidos em 1776 — mas que se estendeu até seu reconhecimento com o fim das batalhas no ano de 1783, com a assinatura do Acordo ou Tratado de Paris — ainda descia arranhando, mesmo que não muito, a garganta da Inglaterra. Para Brant ficou claro que aquele não era o caminho, e o argumento de que o Brasil poderia trocar de predador na selva em que havia se metido, que talvez cooperasse para amolecer um pouco as rígidas exigências inglesas, não só não resolveu o problema, como gerou certa animosidade que colocaria ainda mais obstáculos ao objetivo inicial. Foi um tiro que saiu pela culatra.

Ainda assim, mesmo diante desse fato novo nas negociações preliminares, Canning elaborou um *memorandum* favorável ao Brasil para os membros da Câmara dos Comuns, que dizia:

*"O interesse mercantil do Reino Unido não compreenderia facilmente que tomássemos partido, na questão entre Portugal e o Brasil, do lado da mãe pátria, que, contrariamente ao tratado de 1810, impôs trinta por cento sobre os nossos tecidos de lã, contra o Brasil, que se contentou com os quinze por cento estipulados pelo tratado."*[7]

A questão econômica obviamente sensibilizava os ingleses tanto ou mais — certamente mais — que a questão da escravidão. Tais vantagens tarifárias seriam peça importante no xadrez do reconhecimento da independência. Era preciso colocar esse pragmatismo inglês para trabalhar a favor dos interesses brasileiros. Os comerciantes iriam chiar com as vantagens e a consequente concorrência desleal dos comerciantes ingleses, contudo — os comerciantes brasileiros —, não eram ainda os donos do poder.

Houve mais algumas tratativas sobre o assunto, mas as respostas do Rio de Janeiro eram sempre evasivas ou inconclusivas, e o negócio não prosperou em 1822, a ponto de Canning propor então que o reconhecimento deveria estabelecer que a abolição absoluta ao tráfico teria que ocorrer *"num prazo a ser estipulado"*, ou seja, já não se falava mais numa condição imediata, mas faltava combinar com o rei da Inglaterra.

No início de 1823, o assunto "reconhecimento da independência" voltou à baila e, consequentemente, o assunto tráfico também. No dia 24 de fevereiro, José Bonifácio de Andrada e Silva — ministro e secretário de Estado dos Negócios do Reino — deu as seguintes notícias a Brant sobre o comércio de escravos: *"S. M. I. está intimamente convencido — não só da injustiça de semelhante comércio, mas ainda da perniciosa influência que ele tem sobre a civilização e a prosperidade do Império"*.[8]

Mas disso — da influência perniciosa sobre a prosperidade do Império —, até os escravistas estavam convencidos. Os ingleses queriam ação direta, não compaixão ou comiseração para com a causa dos escravizados. Desse modo, as notícias que chegavam do Brasil eram apenas mais uma nota no já fastidioso rame-rame diplomático. Com Brant, no entanto, Bonifácio foi mais realista ao assumir que nenhuma atitude nesse sentido seria tomada naquele momento, pois o imperador estava empenhado na instalação da Assembleia Constituinte, que seria aberta em 3 de maio de 1823. Brant, diante dessa desoladora notícia e com as mãos atadas para levar adiante seu trabalho diplomático à frente das negociações, solicitou sua exoneração do cargo.

Uma das últimas tratativas de Brant se deu com Lorde Amherst, que acabava de ser designado governador-geral das Índias Britânicas, e no caminho passaria pelo Brasil para tratar temas diplomáticos diretamente com o imperador.

A Brant ele disse:

*"O pugnar só o Brasil, entre todos os Estados de todo o Continente Americano, pela continuação de um tráfico condenado solenemente pela voz unida da América e da Europa, ofenderia os seus interesses, assim como mancharia a reputação de um Império que defendia a sua liberdade e independência [...]."* O Brasil poderia contar sempre com a justiça imparcial da Grã-Bretanha, *"contudo, só adquiriria a sua amizade sacrificando esse tráfico abominável"*.[9]

Brant, já convencido de que seu trabalho seria inútil sem a solução exigida, enviou uma correspondência ao Brasil a fim de convencer o governo da "utilidade" e da conveniência em aceitar a condição pleiteada pela Inglaterra, que dizia:

*"Pode ser que me engane, pode ser que me engane, mas estou persuadido que esta espécie de cavalaria andante, que ora reina na Gr. Bretanha a favor dos Negros, não descansa sem dar cabo do comércio da escravatura, e que se o Brasil há de convir por força em curto período, melhor era convir já por vontade, e retirando algum proveito."*[10]

O tempo passado em Londres parecia ter despertado em Brant certo espírito pragmático.

Ele partiu de Londres de volta ao Brasil no dia 4 de agosto de 1823. No seu lugar, na árdua tarefa de negociar com os ingleses o que quer que fosse, assumiria Hipólito José da Costa Furtado de Mendonça, que, no entanto, faleceu antes ainda que o comunicado de sua investidura no cargo de cônsul do Brasil chegasse a Londres.

## O ULTIMATO DE LORDE AMHERST

Lorde Amherst chegou ao Rio de Janeiro em 12 de maio de 1823. Canning havia ordenado que procurasse D. Pedro I e seus ministros, especialmente José Bonifácio, com o seguinte ultimato:

*"A única diferença quanto ao modo por que uma ligação estreita com esse Governo poderia ser encarada em nosso País dependeria exclusivamente da consideração sobre se o Governo aceitaria, ou recusaria, decretar a abolição do comércio de escravos [...] portanto, relativamente ao nosso País, embora o Brasil possa em todos os casos contar com sua imparcial justiça, só lhe conquistará a amizade pelo sacrifício desse abominável comércio."*[11]

E prosseguiu, ressaltando aos seus interlocutores:

*"[...] apresentar-se entre tantos Estados do Continente Americano como exceção, a manter um tráfico solenemente condenado pelas vozes unidas da América e da Europa, afetaria os interesses, tanto quanto macularia a fama de Império novo a reivindicar sua própria liberdade e sua independência. Os Estados civilizados do mundo, sejam quais forem suas constituições políticas, bem poderiam hesitar em admitir*

*em seu grêmio uma Nação, que pela primeira vez se afirmasse como tal, mas conservando semelhante tara do caráter colonial".*[12]

Tanto o imperador como José Bonifácio afirmaram ao enviado inglês sua perfeita comunhão nesses sentimentos com a Inglaterra e com o mundo civilizado em relação à escravidão. Acrescentaram, contudo, admitindo pela primeira vez desde o início das tratativas — para a decepção da Inglaterra — que não era "[...] *lícito promover a abolição imediata, dadas a situação do país e sua organização produtora. Só com tempo se conseguiria realizar tão alto intento".*[13]

No dia 17 de maio, antes de partir para a continuação de sua viagem rumo às Índias Britânicas, Lorde Amherst deixou uma nota — ou seria um ultimato? — dirigida a José Bonifácio, pedindo — ou seria exigindo? — ao governo brasileiro que mandasse *"plenos poderes ao seu agente em Londres, a fim de firmar tratado com a Inglaterra, baseado na renúncia do comércio de escravos".*[14]

Mal Amherst virou as costas, o assunto arrefeceu e foi parar na gaveta dos assuntos proibidos de serem tratados naquele momento. De fato, para D. Pedro I esse era o último assunto que o afligia, nota de rodapé da centésima página no rol de suas preocupações.

O momento era de incerteza e a questão da escravidão, uma pauta — naquele momento — secundária, pois se indispor com os traficantes significava criar problemas internos quase insolúveis que colocariam mais em risco a sustentação da independência e do trono do que as exigências da própria Inglaterra.

A questão do tráfico entrou, então, em compasso de espera, assim como a questão do reconhecimento da independência do Brasil.

Ao que parece, D. Pedro I resolveu pagar para ver se a cavalaria andante inglesa a favor dos negros iria ou não entrar pelas portas do Palácio de São Cristóvão.

# 2

# 1823

## O PROJETO DE BONIFÁCIO

Para José Bonifácio, o apoio da Inglaterra tornara-se fundamental. Declarar o Brasil independente era uma coisa; obter o reconhecimento das nações e sedimentar a independência, outra completamente diferente. A primeira dependera apenas do governo; a segunda envolvia filigranas de relações entre diversas nações e seus interesses econômicos e políticos. A Inglaterra era uma grande aliada de Portugal — não podemos esquecer que fora ela que dera suporte a Portugal quando da invasão da França, de um lado escoltando a família imperial para o Brasil, e de outro combatendo Napoleão na Europa.

Vimos que a preocupação do momento concentrava-se no fato de que, se a Inglaterra resolvesse manter-se fiel às relações que historicamente tinha com Portugal e apoiasse aquele país no litigioso processo de independência, o Brasil jamais conseguiria resistir a uma ofensiva inglesa. A sorte do Brasil era que a Inglaterra tinha grandes e auspiciosos interesses comerciais no país e, naquele momento, na geopolítica do mundo, o Brasil independente era mais interessante do que o Brasil colônia de Portugal. A independência abriria para a Inglaterra um campo de negociação e de conquista de novas vantagens em relação aos tratados anteriores.

Mas havia a exigência da abolição do tráfico de escravos.

José Bonifácio estava preocupado com a relutância da Inglaterra em aceitar qualquer acordo que não passasse pela abolição do tráfico. O Brasil, por sua vez, também estava relutante em aceitar uma condição que, naquele momento, significava perder o apoio de

JOSÉ BONIFÁCIO DE ANDRADA E SILVA

uma parcela importante e economicamente poderosa dos seus aliados: os traficantes de escravos e os escravistas.

Podemos notar, a partir dessa negociação em busca do reconhecimento da Inglaterra, que a apresentação do projeto de Bonifácio em 1823 teve, na verdade, o intuito de procurar atender a condição daquele país para o reconhecimento da independência do Brasil. Com essas primeiras sondagens de seu agente em Londres, ficou claro para Bonifácio aquilo que, de certa forma, ele já previa: a resistência de alguns países em reconhecer a independência do Brasil por causa da tolerância ao tráfico de escravos e à escravidão.

Essa preocupação levou Bonifácio a elaborar, mesmo que a contragosto e na contracorrente da realidade do momento, um projeto não só para o fim do tráfico, mas que considerava também o fim da escravidão. Esse projeto estava previsto para ser apresentado na Assembleia Constituinte pelo próprio José Bonifácio (o mesmo homem que havia articulado, pouco tempo antes, o processo de independência do Brasil) e pode ser considerado o marco fundador de um espírito antiescravista e emancipacionista que, embora estivesse presente na maioria da população, nunca havia ganhado voz e de um movimento espontâneo que Joaquim Nabuco, mais tarde, chamaria de partido abolicionista.

Mas a cruzada da Inglaterra era também, intimamente, uma cruzada pessoal de José Bonifácio. Para ele, na verdade, o condicionamento da Inglaterra em reconhecer a independência do Brasil apenas mediante o tratamento da questão da escravidão ia ao encontro de seus anseios pessoais. Bonifácio — o Patriarca da Independência — tinha para o Brasil um projeto de nação que começava com o enfrentamento da escravidão, ainda que o imperador — e ele sabia disso — permanecesse bastante claudicante em relação ao tema. Tendo a Inglaterra então como aliada e percebendo que aquele era o momento propício, Bonifácio partiu para a ação.

Foi, portanto, em 1823, durante a Assembleia Constituinte, que se tratou pela primeira vez, desde a independência em 1822, do fim da escravidão no Brasil.

# O PENSAMENTO ANTIESCRAVISTA DE BONIFÁCIO

O projeto de lei, escrito por José Bonifácio, não chegou a ser apresentado na Assembleia Constituinte de 1823, pois ela foi dissolvida depois de apenas algumas sessões. Bonifácio viria a publicá-lo somente tempos depois, no seu exílio em Paris.

D. Pedro I certamente conhecia o projeto que, se tivesse sido apresentado, funcionaria como um explosivo e, sem dúvida, colocaria o imperador em maus lençóis. Nele, Bonifácio argumentava sobre o problema da escravidão em todas as suas nuances, implicações e consequências, como poucos poderiam fazer no Brasil naquele momento, e entrava em rota de colisão com a minoria escravista. Começava denunciando o caos que o comércio de escravos havia levado ao continente africano, dizendo que era preciso que cessassem de vez

"[...] os roubos, incêndios e guerras que fomentamos entre os selvagens da África. É preciso que não venham mais a nossos portos milhares e milhares de negros, que morriam abafados no porão de nossos navios, mais apinhados que fardos de fazenda. É preciso que cessem de uma vez por todas essas mortes e martírios sem conta, com que flagelávamos e flagelamos ainda esses desgraçados em nosso próprio território".[15]

Um dos principais argumentos de Bonifácio, na tentativa de convencer os escravistas brasileiros a apoiar essa nova experiência como nação livre e construir um país diferente, considerava a escravidão uma coisa dos portugueses, que a praticavam desde o início da expansão marítima e que a haviam trazido para o Brasil. Ele alegava que a escravidão, portanto, era uma herança colonial nefasta, que precisava ser eliminada para *"que venhamos a formar em poucas gerações uma nação homogênea, sem o que nunca seremos verdadeiramente livres, respeitáveis e felizes"*.[16]

A independência tinha dado ao povo brasileiro uma nação nova, que deveria ser construída e moldada de acordo com os melhores anseios para o futuro, que poderiam e deveriam estar em maior conexão e em consonância com as práticas das nações mais civilizadas do mundo. Era — no pensamento de Bonifácio — uma chance única e imperdível para nos livrarmos, senão de toda, ao menos da mais perversa e anticivilizatória das heranças ibéricas.

*"Ainda em nossos dias"*, argumentava, *"desgraçadamente perto de 40 mil criaturas humanas são anualmente arrancadas da África, privadas de seus lares, de seus pais, filhos e irmãos, transportadas às nossas regiões, sem a menor esperança de respirarem outra vez os pátrios ares e destinadas a trabalhar toda a vida debaixo do açoite cruel de seus senhores, elas, seus filhos e os filhos de seus filhos para todo o sempre."*[17]

Mas apelar para a sensibilidade, para o humanismo e para o altruísmo dos traficantes e dos escravistas era pregar no deserto. Mesmo porque havia, na época, a ideia, onde quer que houvesse escravizados, de que a condição deles no Brasil era melhor do que a sua condição anterior. Embora escravizado, arguía-se, a vida no Brasil, no seu aspecto geral, era melhor do que no país de origem, pois que, *"devendo os criminosos e prisioneiros de guerra serem mortos imediatamente pelos seus bárbaros costumes, é um favor que se lhes faz, comprá-los para lhes conservar a vida, ainda que seja em cativeiro"*.[18]

Obviamente essa não era a opinião dos açoitados, e sim dos açoitadores.

Contra o absurdo e a hipocrisia do pensamento daqueles que procuravam minimizar e relativizar o horror da escravidão, Bonifácio levantava sua voz, dizendo que eram

*"homens perversos e insensatos. Todas essas razões apontadas valeriam alguma coisa, se vós fosseis buscar negros à África para lhes dar liberdade no Brasil e estabelecê-los como colonos, mas perpetuar a escravidão [...] e por que continuam a ser escravos os filhos desses africanos? Cometeram eles crimes? Foram apanhados em guerra? Mudaram de clima mau para outro melhor? Saíram das trevas do paganismo para a luz do evangelho? Não por certo, e, todavia, seus filhos e filhos desses filhos devem, segundo vós, ser desgraçados para todo o sempre?".*[19]

Mas, ainda que solidária à situação degradante da escravidão, a visão de Bonifácio acerca dos males da escravidão não era meramente humanitária, já que a esta visão era inútil apelar. Havia, em suas reflexões, uma sofisticada visão econômica que pouquíssimas pessoas no Brasil seriam capazes de entender. A escravidão — ele tentava mostrar — atentava em última instância até mesmo contra os interesses pecuniários dos proprietários; era contraproducente. Poderia até gerar riquezas particulares aqui e acolá, mas, para o país, para o povo, era um regime nefasto. Havia nessa ordem escravocrata uma legião de homens livres que vivia na pobreza.[20]

Uma classe importante, cujo desenvolvimento se achava impedido pela escravidão,

*"era a [...] dos lavradores que não são proprietários, e, em geral, dos moradores do campo ou do sertão. Já vimos a que se acha, infelizmente, reduzida essa classe que forma a quase totalidade da nossa população. Sem independência de ordem alguma, vivendo ao azar do capricho alheio, as palavras da oração dominical O pão nosso de*

*cada dia nos dai hoje têm para ela uma significação concreta e real. Não se trata de operários que, expulsos de uma fábrica, achem lugar em outra; nem de famílias que possam emigrar; nem de jornaleiros que vão ao mercado de trabalho oferecer os seus serviços; trata-se de uma população sem meios nem recurso algum, ensinada a considerar o trabalho uma ocupação servil, sem ter onde vender os seus produtos, longe da região do salário — se existe esse Eldorado, em nosso país — e que por isso tem que resignar-se a viver e criar os filhos nas condições de dependência e miséria em que se lhe consente vegetar".*[21]

Bonifácio sabia que o trabalho livre era fundamental para o desenvolvimento econômico do país, para a diversificação econômica. O trabalho escravo conduzia o país à miséria, à pobreza. Mercados livres levam à prosperidade econômica. O que Bonifácio desejava era que o Brasil, com o fim da escravidão, se movesse em direção à liberdade econômica. Existe aqui, claramente, uma influência de Adam Smith e sua *Riqueza das nações*, que Bonifácio estudara e conhecera na Europa. Dizia ele:

*"O luxo e a corrupção nasceram entre nós antes da civilização e da indústria; e qual será a causa principal de um fenômeno tão espantoso? A escravidão, senhores. A escravidão, porque o homem que conta com as jornadas de seus escravos vive na indolência, e a indolência traz os vícios após si."*[22]

Seguia em sua análise:

*"A natureza provida e sábia em toda e qualquer parte do globo dá os meios precisos aos fins da sociedade civil, e nenhum país necessita de braços estranhos e forçados para ser rico e cultivado [...] a introdução do trabalho escravo no Brasil só serve para obstar a nossa indústria. Para provar esta tese basta lembrar que os senhores que possuem escravos vivem,*

*em grandessíssima parte, na inércia, pois não se veem precisados pela fome ou pobreza a aperfeiçoar sua indústria ou melhorar sua lavoura."*[23]

Bonifácio tinha como projeto a agricultura com trabalho livre em pequenas propriedades próximas dos centros urbanos, produzindo gêneros que pudessem ser facilmente deslocados e comercializados, onde *"se acha sempre um mercado certo, pronto e proveitoso, e deste modo se conservarão, como herança sagrada para a nossa posteridade, as antigas matas virgens, que pela sua vastidão e frondosidade caracterizam o nosso belo país".*[24]

Mas se os escravizados ainda se faziam necessários no Brasil, isso se devia ao fato de sua gente ser

*"frouxa e preguiçosa",* [pois na Índia] *eles não têm escravos e não deixam suas terras de ser agricultadas. Hoje em dia, a cultura dos canaviais e o fabrico do açúcar têm crescido prodigiosamente, cujo produto já rivaliza nos mercados públicos da Europa com o do Brasil [...] na Cochinchina não há escravos e, todavia, a produção e exportação de açúcar já montavam, em 1750, a quarenta mil pipas. Todo esse açúcar vinha de um pequeno país sem haver necessidade de estragar matas e esterilizar terrenos, como desgraçadamente entre nós está sucedendo".*[25]

Outro aspecto nefasto da hipertrofia do uso do trabalho escravo era o desprezo e o desinteresse dos produtores por máquinas, pois já existiam muitas que podiam substituir grande parte dos braços escravizados e aumentar a produtividade, mas das quais ninguém queria nem ouvir falar.

Uma análise sofisticada de Bonifácio para a época, em terra de senhores, de favores, de dependentes, era a que ele tinha sobre a sociedade civil, sobre as condições civilizadas de organização social. Como sabemos, nos domínios rurais no Brasil, segundo Sérgio Buarque de Holanda, "[...] *a autoridade do proprietário de terras não sofria réplica.*

*Tudo se fazia consoante sua vontade, muitas vezes caprichosa e despótica [...] sempre imerso em si mesmo, não tolerando nenhuma pressão de fora. Nesse ambiente, o pátrio poder é virtualmente ilimitado e poucos freios existem para sua tirania".*[26]

Contra esse estado de coisas, dizia Bonifácio:

*"[...] a sociedade civil tem por base primeira a justiça, e por fim principal a felicidade dos homens; mas que justiça tem um homem para roubar a liberdade de outro homem, e o que é pior, dos filhos deste homem, e dos filhos destes filhos? Mas dirão talvez que se favorecerdes a liberdade dos escravos será atacar a propriedade. Não vos iludais, senhores, a propriedade foi sancionada para o bem de todos, e qual é o bem que tira o escravo de perder todos os seus direitos naturais, e se tornar de pessoa a coisa, na frase do jurisconsulto? Se a lei deve defender a propriedade, muito mais deve defender a liberdade pessoal dos homens, que não pode ser propriedade de ninguém sem atacar os direitos da providência, que fez os homens livres, e não escravos; sem atacar a ordem moral das sociedades, que é a execução estrita de todos os deveres prescritos pela natureza, pela religião e pela sã política: ora a execução de todas essas obrigações é o que constituiu a virtude; e toda legislação e todo governo [qualquer que seja a sua forma] que a não tiver por base é um edifício fundado em areia solta, que a mais pequena borrasca abate e desmorona".*[27]

A borrasca, ou seja, a tempestade, viria mais dia, menos dia, se mantida uma *"multidão imensa de homens desesperados, que já vão sentindo o peso insuportável da injustiça que os condena à vileza e miséria sem fim".*[28] Seria muito mais auspicioso para a jovem nação que os escravizados pudessem, *"às abas de um governo justo, propagar livre e naturalmente com as outras classes, uma vez que possam bem criar e sustentar seus filhos".*[29]

E arrematava:

*"Este é não só o nosso dever, mas o nosso maior interesse, porque só então conservando eles a esperança de virem a ser um dia nossos iguais em direitos, e começando a gozar desde já de liberdade e nobreza da alma, que só o vício é capaz de roubar-nos, de inimigos se tornarão nossos amigos e clientes".* [30]

Após tal incisiva, e por que não dizer chocante apresentação de suas ideias, Bonifácio passou a apresentar artigo por artigo seu projeto de lei sobre a escravidão. É claro que, não emancipando os escravizados, o projeto não passava de uma atenuação da situação deplorável que era a escravidão. Mas, naquele momento histórico, era o máximo que se podia fazer. Pode-se dizer que era o melhor projeto apresentado no país, no sentido de que, se não exterminava, ao menos mitigava o mal e preparava o país para a emancipação total do elemento servil. Nada do gênero havia sido proposto nos últimos 300 anos, e o que vigorava em termos de escravidão no Brasil era a vontade local e particularista dos senhores.

O discurso de Bonifácio foi de uma lucidez ímpar. Tratou do mal da escravidão e, portanto, do benefício dos avanços de uma economia livre para o país, assim como da organização da sociedade civil.

Sabemos que o projeto não foi apresentado, mas é possível projetar as prováveis reações de uma plateia abismada e irritada diante de um discurso tão distante da realidade da época e tão distante da realidade projetada por eles para o futuro do país. A tomada de poder com a independência, ou seja, com uma administração então preponderantemente local, independente, livre das imposições e dos interesses de Portugal, significava, na cabeça dos donos do poder no Brasil, não a perda de privilégios, como queria Bonifácio, mas, ao contrário, a intenção e o desejo de aproveitar a oportunidade para aparelhar o Estado e, consequentemente, aprofundar, estender, preservar os privilégios.

Nesse ambiente, as propostas de Bonifácio certamente soariam para a maioria não só utópicas, mas também absurdas e risíveis. Embora Bonifácio não tivesse dado publicidade ao projeto, todos sabiam o que se passava na sua cabeça em relação ao tema escravidão. Esses pensamentos extravagantes, na cabeça de um homem qualquer, não significavam nada, mas na cabeça de um homem poderoso poderiam causar algum incômodo. Por essas e outras foi que José Bonifácio entrou para a lista proibida dos escravistas como homem cujas ideias deveriam ser monitoradas.

## O PROJETO

O projeto de lei de Bonifácio nos revela, nas suas entrelinhas, a duríssima realidade cotidiana da escravidão. Nos dá um diagnóstico preciso do que era o pátrio poder de que se revestiam esses senhores e de como ele vigorava da porteira para dentro das fazendas, nas regiões rurais e remotas do Brasil.

O artigo 1º da lei proposta por Bonifácio projetava um prazo de no máximo cinco anos para o fim do *"comércio da escravatura africana"*.[31] Para o escravizado seria, obviamente, uma eternidade, mas para os padrões da época no Brasil esse prazo era uma projeção ousada que, se tivesse ocorrido, teria promovido uma guinada radical na economia do país.

No artigo 5º, lê-se: *"Todo escravo, ou alguém por ele, que oferecer ao senhor o valor por que foi vendido, ou por que foi avaliado, será imediatamente forro."*[32] Aqui, não seria mais respeitada a vontade do senhor de escravo em vendê-lo ou não. Até a lei, como proprietário que era do objeto escravizado, ele podia escolher se queria ou não vender. Havia, sobretudo nos centros urbanos, escravizados que conseguiram juntar o capital necessário para comprar sua alforria e até mesmo a alforria de outros escravizados, mas era preciso ter a anuência do senhor. A partir da aprovação dessa lei, a venda seria compulsória, uma vez que não considerava mais o escravizado como objeto, como produto pertencente ao senhor. Era também um avanço enorme.

No artigo 8º, lê-se: *"Todo o senhor, que forrar escravo velho, ou doente incurável, será obrigado a sustentá-lo, vesti-lo, e tratá-lo durante sua vida, se o forro não tiver outro modo de existência; e no caso de o não fazer, será o forro recolhido ao hospital, ou casa de trabalho à custa do senhor."*[33] Era comum que os senhores alforriassem escravizados idosos — embora fossem raros os que chegavam a essa altura da vida — ou doentes — e eram muitos os que ficavam doentes devido à insalubridade do trabalho debaixo de sol e à altíssima exigência de esforços físicos aliados à má alimentação. A alforria nesses casos era, por motivos óbvios para o senhor, uma forma de se livrar do ônus do tratamento ou do ônus de sustentar um escravizado não produtivo. Nesse aspecto da lei, Bonifácio procurava coibir essa prática comum que lançava os escravizados à própria sorte. Essa espécie de direito à aposentadoria que a lei obrigava o senhor a pagar era também um avanço enorme e sem precedentes para a época.

No artigo 9º, lê-se: *"Nenhum senhor poderá vender escravo casado com escrava sem vender ao mesmo tempo, e ao mesmo comprador, a mulher e os filhos menores de 12 anos. A disposição tem lugar a respeito da escrava não casada e seus filhos dessa idade".*[34] Este artigo visava corrigir e acabar também com outra prática bastante cruel, que era a separação das famílias que surgiam nas senzalas. Ainda que não casada, a lei garantiria também para a mulher — mesmo as mulheres livres não tinham nenhum direito garantido por lei no século XIX — permanecer junto aos seus filhos em caso de venda. Essa determinação da lei procurava mitigar o sofrimento psicológico — tortura, em verdade — a que eram submetidos os escravizados quando separados compulsoriamente daqueles por quem nutriam laços afetivos.

No artigo 10º, lê-se: *"Todos os homens de cor forros, que não tiverem ofício, ou modo certo de vida, receberão do Estado uma pequena sesmaria de terra para cultivarem, e receberão outrossim dele os socorros necessários para se estabelecerem, cujo valor irão pagando com o andar do tempo."*[35] Este artigo, que destacamos aqui, era fundamental, pois os escravizados urbanos, quando alforriados, seguiam em seus trabalhos de vendedores ambulantes, de prestadores de serviço etc.; seguiam, em geral, o ofício que faziam quando escravizados e por meio do qual muitos haviam conseguido juntar o capital necessário para comprar suas alforrias. A lei visava ao escravizado que trabalhava na zona rural, nas fazendas, o qual, alforriado, não encontrava formas de trabalhar nos ofícios em que vinha trabalhando e acabava migrando para as cidades, onde a miséria era quase sempre o seu destino. A política de adiantamento, por parte do Estado, de sesmarias de terras para os forros visava garantir a eles o acesso a uma possibilidade de sobrevivência e de desenvolvimento pessoal e profissional nas áreas ou ramos em que já atuavam.

No artigo 11º, lê-se: *"Todo senhor que andar amigado com escrava, ou tiver tido dela um ou mais filhos, será forçado pela lei a dar liberdade à mãe e aos filhos, e a cuidar na educação destes até a idade de quinze anos."*[36] Este artigo revela uma realidade da vida nessas verdadeiras comunidades que se formavam distante das cidades, nos ermos das fazendas, longe das leis e da justiça, onde imperavam apenas as vontades particulares dos senhores. Gilberto Freyre, na sua grandiosa obra *Casa-grande e senzala*, faz um diagnóstico dos intercursos que havia entre esses dois ambientes que não eram universos paralelos, mas que dialogavam, que conviviam. Em um mundo sem lei, a violência é sempre a regra, de modo que muitas escravizadas eram estupradas e violentadas pelos senhores e pelos capatazes, e os filhos produtos dessas relações não consensuais eram igualmente jogados nas senzalas. A determinação da lei de Bonifácio, da obrigatoriedade de se indenizar com a liberdade mãe e filhos envolvidos nessa violência e custear a educação do filho até a idade de 15 anos, era uma forma de procurar coibir a violência desses abusos — que permaneciam sempre impunes — contra a dignidade das mulheres.

No artigo 16º, lê-se: *"Antes da idade de 12 anos não deverão os escravos ser empregados em trabalhos insalubres e demasiados; e o Conselho vigiará sobre a execução deste artigo para bem do Estado e dos mesmos senhores."*[37] Este artigo expõe os horrores de uma lógica de exploração que não poupava nem as crianças do trabalho duríssimo das fazendas.

No artigo 17º, lê-se: *"Igualmente os Conselhos Conservadores determinarão em cada Província, segundo a natureza dos trabalhos, as horas de trabalho, e o sustento e vestuário dos escravos."*[38] Este artigo procurava estabelecer uma espécie de lei trabalhista pioneira no Brasil, que buscava colocar limites e regulamentar minimamente a escorchante jornada de trabalho nas fazendas. A delimitação de horas de trabalho e a regulamentação da alimentação e do vestuário adequados visavam trazer alguma dignidade para o trabalho escravo.

E, no artigo 28º, lê-se: *"Para excitar o amor do trabalho entre os escravos, e a sua maior felicidade doméstica estabelecerá o Governo em todas as Províncias caixas de economia, como as da França e Inglaterra, onde os escravos possam pôr a render os produtos pecuniários dos seus trabalhos e indústria."*[39] Este artigo também era fundamental e profundamente revolucionário. Em 1823, somente os homens ricos do país — os fazendeiros escravocratas e os traficantes — tinham acesso ao sistema financeiro, tanto para a obtenção de créditos como para a aplicação de suas rendas a juros. O Banco do Brasil foi fundado em 12 de outubro de 1808, e suas ações, que haviam sido adquiridas por proprietários e comerciantes, rendiam altos juros. Tal rendimento vinha sobretudo dos empréstimos realizados pelo próprio Tesouro Nacional para bancar os déficits públicos. Abrir a possibilidade ao povo — formado, inclusive, de ex-escravizados — de colocar o lucro obtido com a venda dos seus produtos ou de seu trabalho para render juros em um banco era algo extremamente inovador.

Em suas considerações finais, Bonifácio ainda procurou convencer seus pares sobre a importância do projeto:

*"Dai-lhe que goze da liberdade civil, que já tem adquirido; dai-lhe maior instrução e moralidade, desvelai-vos em aperfeiçoar a sua agricultura, em desempeçar e fomentar a sua indústria artística, em aumentar e melhorar suas estradas e a navegação de seus rios; empenhai-vos em acrescentar a sua povoação livre, destruindo de um golpe o peçonhento cancro que o rói [...]: então ele será feliz e poderoso."*[40]

E finalizou:

*"Generosos Cidadãos do Brasil, que amais a vossa Pátria, sabei que sem a abolição total do infame tráfico da escravatura Africana, e sem a emancipação sucessiva dos atuais cativos, nunca o Brasil firmará sua independência nacional e segurará e defenderá a sua liberal Constituição; nunca aperfeiçoará as raças existentes, e nunca formará como imperiosamente o deve, um exército brioso, e uma marinha florescente. Sem liberdade individual não pode haver civilização nem sólida riqueza; não pode haver moralidade, e justiça; e sem estas filhas do Céu, não há nem pode haver brio, força e poder entre as Nações."*[41]

Não é preciso dizer que não existia dignidade alguma para aqueles que viviam na escravidão. Nenhum benefício seria maior do que a liberdade. Mas para quem estava reduzido à condição de escravidão, completamente alijado de qualquer acesso à justiça para reclamar os seus males, os seus sofrimentos, o projeto de Bonifácio, como vimos, era um alento: ter direito a uma espécie de aposentadoria quando até então se morria na velhice à míngua; ter o direito de, ainda que cativo, manter as relações e os laços afetivos com a família; terem as mulheres o direito de ganhar a liberdade e ter seus filhos, ainda que frutos da violação e da violência, reconhecidos e assistidos em seus direitos; ter proibido o trabalho infantil; ter o acesso a uma espécie de regulamentação do trabalho; receber terra e financiamento para cultivá-la; ter direito de acesso ao sistema financeiro, podendo investir suas rendas e receber juros.

Todos os males, sejam eles econômicos, sociais, políticos ou morais próprios, típicos do regime do trabalho servil, José Bonifácio expôs e condenou.

Tudo isso era, sem dúvida, a despeito da manutenção da condição de escravizado, um avanço, sobretudo no momento em que o país nascia e uma Assembleia Constituinte preparava sua primeira Constituição. O pensamento de José Bonifácio era um raio de luz em meio à escuridão.

## MAS QUEM ERA JOSÉ BONIFÁCIO DE ANDRADA E SILVA?

Mas, afinal de contas, quem era José Bonifácio e por que, no Brasil, poucos homens tinham a capacidade de pensar tão fora da caixa como ele?

Vejamos.

A trajetória de Bonifácio é algo *sui generis* na história dos homens letrados no Brasil e contrasta de forma diametralmente oposta com a formação dos jovens do Brasil naquele período. A vivência na Europa — passara 36 anos em Portugal — foi decisiva para que seu pensamento, quando retornou ao Brasil, divergisse brutalmente do modo de pensar, do modo de vida e da organização social e econômica brasileira naquele momento.

Ele conhecia e tinha vivenciado de perto os acontecimentos que abalaram as estruturas da Inglaterra e da França, o debate em torno do fim da escravidão e o novo estilo político e econômico liberal europeu. A Revolução Industrial era a vanguarda e a escravidão, o atraso. Ele conhecia muito bem as obras de autores tais como Rousseau, Voltaire, Montesquieu, Descartes, Locke, Leibniz e Smith. Era um cientista com especializações em mineralogia, química e botânica, e tinha, portanto, uma mentalidade mais investigativa, experimental, objetiva. Nesse ponto, destoava totalmente da elite intelectual brasileira da época, formada, sobretudo, por advogados, homens com uma mentalidade mais teórica, mais especulativa do que prática, ociosos homens de gabinete.

No período que passou na Europa, ele fez — trabalhando para o governo português — diversas e longas expedições científicas. Seu prestígio lhe acenava com ofertas quase irrecusáveis de empregos públicos, porém a Bonifácio sempre interessou mais *"o desempenho de cargos como o de Intendente Geral das Minas e Metais, em que poderia pôr a funcionar jazidas e empreender a exploração de novas, do que o de professor de Metalurgia da Universidade de Coimbra, confinado em estudos teóricos. Sentia-se homem de ação, queria dedicar-se à atividade prática"*.[42] Foi assim que ele passou sua temporada europeia.

As décadas de 1810 e 1820 foram das mais importantes da História do Brasil. Nesse período, o Brasil havia sido elevado à condição de Reino Unido a Portugal, e as mudanças levadas a cabo por D. João VI surtiram efeitos quase imediatos na economia do país e, consequentemente, na sociedade. Duas das canetadas mais importantes foram, sem dúvida, primeiro a abertura dos portos, que permitiu aos comerciantes brasileiros negociar diretamente com a Inglaterra; segundo, e talvez a mais importante de todas as decisões, a revogação do alvará de 5 de janeiro de 1785, que proibia a implantação de indústrias no Brasil. Essas duas memoráveis atitudes, somadas a outras — tais como a criação e consolidação de todo um aparelhamento público: secretarias, tribunais, repartições e estabelecimentos de ensino —, vão ajudar a criar um clima bastante favorável à independência do Brasil. Sem elas, talvez em 1822 o país não tivesse a segurança de que precisava para proclamar-se independente, como fez. Foi esse clima que Bonifácio encontrou quando chegou ao Brasil no ano de 1819. Era já um homem bastante experiente com seus 56 anos de idade. No início de 1822, chegou ao Rio de Janeiro, onde logo foi nomeado ministro e secretário de Estado dos Negócios do Reino, do alto de onde — como vimos — negociaria mais tarde com a Inglaterra a questão da independência.

A presença de Bonifácio na corte trazia segurança para as decisões do jovem D. Pedro I, que contava, naquela ocasião, apenas 23 anos. O destino reservou-lhe um lugar de protagonismo no processo de independência do Brasil, e, num ambiente profundamente pautado por relações pessoais, o todo-poderoso Bonifácio *"não se moveu senão por considerações práticas, de oportunidade, imediatistas, e, diante do monarca, em meio a uma corte improvisada, continuou apenas um cidadão, uma figura tão humana na simplicidade de sua vida como qualquer dos grandes líderes da independência norte--americana — recusando, quase como quem repele uma alcunha deprimente, o título de marquês e rejeitando a Grã-Cruz da Ordem do Cruzeiro, como quem teme o ridículo de possuí-la, quanto mais de ostentá-la"*.[43]

Foi com a autoridade de quem havia praticamente conduzido todo o processo de independência que Bonifácio elaborou e pretendia apresentar o projeto de abolição da escravidão no Brasil — como vimos — na Assembleia Constituinte. Essa iniciativa seria a primeira tentativa de se abolir a escravidão no Brasil, ao menos a primeira tentativa de iniciar uma discussão séria, um debate sobre os imensos prejuízos de um regime escravista para o país. Discussão mais do que apropriada no momento inicial da independência do país. Para Bonifácio não bastava *"a organização política copiada do melhor modelo inglês, francês ou norte-americano: ele via a necessidade de uma reforma de estrutura, de um novo regime de propriedade de trabalho, de profundas alterações de natureza social e econômica"*.[44] No momento em que o país nascia, o fim da escravidão deveria necessariamente ter sido a primeira questão a ser enfrentada, ou seja, que país queríamos construir para o futuro.

Essa sua oposição radical à escravidão ele não havia adquirido apenas lendo livros dos economistas liberais. Assim que chegou ao Brasil, antes de enveredar pela política, Bonifácio empreendeu com seu irmão, Martim Francisco, uma expedição mineralógica pelo interior do Brasil, onde entrou em contato com os contrastes típicos de uma sociedade escravista, cuja lógica era muito enriquecer poucos, de um lado, e manter ou condenar, de outro, um povo inteiro à miséria e uma legião de homens à escravidão.

Porém, os donos do poder de então simplesmente não quiseram ouvi-lo, pois

*"aos dirigentes da classe que dominava e continuaria a dominar o Brasil no século XIX — os senhores de engenho e fazendeiros empenhados na exploração de seus latifúndios, o que lhes propunha a representação parecia-lhes prejudicial, louco, revolucionário. Mais encarniçados ainda do que eles em combater e inutilizar a ação do ministro da independência seriam os traficantes de escravos, todo um bando poderoso de ricos comerciantes portugueses, negreiros implacáveis na sua ganância"*.[45]

Mas, como sabemos, no dia 12 de novembro de 1823, a Assembleia Constituinte foi fechada e a Constituição, outorgada em 1824. José Bonifácio foi substituído no ministério por uma série de ministros com posições mais conservadoras. A questão da abolição da escravatura, ou a posição que Bonifácio tomou em face da escravidão e as consequências que sofreu em sua vida e carreira política, tem relação direta com a posição que assumiu.

As ideias eram tão avançadas para sua época que os Andradas foram exilados — alguns queriam que tivessem sido mortos ou presos em prisão perpétua —, e no caminho para a França cogitou-se e até tentou-se desviar o navio para Portugal, onde seriam presos ou mortos, dado que Portugal ainda não havia reconhecido a independência do Brasil e só o faria em 1825.[46]

Assim foi abortado o melhor e mais ambicioso projeto para o Brasil. A sorte de ter tido um homem com o pensamento, a sabedoria e a vivência de José Bonifácio como mentor, como arquiteto do Brasil independente, foi descartada, jogada fora e desprezada em benefício de uma lógica viciada e atrasada, imposta por um grupo de homens ignorantes, escravistas e traficantes.

Em reconhecimento à sua luta contra a escravidão, Castro Alves o homenageou no poema *Navio Negreiro*: "Andrada! arranca esse pendão dos ares!", diz na parte final do poema.

Quem dera o Brasil tivesse sido o Brasil de José Bonifácio.

## A ABOLIÇÃO COMO PRECONDIÇÃO DA INDEPENDÊNCIA

As incertezas no processo de independência elevaram a tensão, e nos anos 1823 e 1824 — como vimos — as temperaturas se mantiveram altíssimas. Prevaleceram, como já era de se esperar, os aspectos ligados à permanência sobre os ligados à ruptura. O banimento de José Bonifácio foi, sem dúvida, uma vitória dos traficantes e dos escravocratas, ou seja, destes espíritos obscurantistas sobre aqueles espíritos que desejavam conduzir o Brasil ao caminho da luz.

Entre 1822 e 1824, o negócio do reconhecimento da independência, por conta das idiossincrasias, ficou em banho-maria, mas em 1825, já que era preciso dar um arremate no negócio, ele retomou o vigor.

O início da legislatura do ano de 1825 — a primeira — começou com as questões internas relativamente resolvidas, pacificadas, e era hora de retornar à principal questão externa: acertar os ponteiros da independência. A questão diplomática ainda estava, portanto, em aberto, e o reconhecimento da independência do Brasil seguia carecendo de ratificação por parte daquele tal *player* que era mais importante do que Portugal.

As negociações com a Inglaterra ficaram a cargo do novo ministro dos Negócios Estrangeiros do Reino que substituíra Bonifácio: José Joaquim Carneiro de Campos. Ele estava em Portugal em 1807 e havia retornado ao Brasil na comitiva da família real que viera ao Brasil em 1808, e permaneceria junto de D. Pedro I até o final do Primeiro Reinado, em 1831. Foi por três vezes ministro e era conhecido como o mais leal e o mais fiel dos homens do imperador.

Na sua primeira reunião com o novo diplomata inglês no Rio de Janeiro, Chamberlain, ele disse: "[...] *estamos prontos a fazer qualquer coisa, tudo ao nosso alcance, mesmo além do que a mais elementar prudência autoriza, para mostrar o quanto apreciamos, quanto estamos realmente desejosos de conseguir a amizade da Inglaterra e o seu reconhecimento da nossa independência*".[47]

O início da conversa, entretanto, não foi muito promissor, pois Chamberlain advertiu que a abolição do tráfico de escravos continuava a ser *"precondição essencial da qual dependia o reconhecimento britânico"*.[48] Assim, na medida em que as tratativas sobre o reconhecimento eram retomadas, o mesmo se dava com as questões do tráfico e da escravidão.

O debate em torno do tráfico de escravos e da escravidão foi determinante para a precipitação dos acontecimentos da maneira como se deram, e ele agora, como era de se esperar, voltava inevitavelmente à cena principal, para desespero do imperador.

A sentença curta e grossa de Chamberlain — da precondição essencial — foi ratificada em Londres, onde Canning reforçou a ideia de que *"se os brasileiros estivessem dispostos a concordar com isso — ou seja, com a abolição do tráfico — ele tinha poucas dúvidas de que outras questões entre Grã-Bretanha e Brasil poderiam ser resolvidas de forma mutuamente satisfatórias"*.[49]

A relutância inglesa colocou Carneiro de Campos e o Imperador D. Pedro I contra a parede. Em relação ao comércio de escravos, no entanto, o ministro estava autorizado a dizer que do lado do Brasil a matéria avançaria, porém acrescentou: *"No período mais próximo possível, consistente com a segurança do governo imperial."*[50]

Em abril de 1824, novos negociadores do Brasil chegaram em Londres; tratava-se de Brant, este já conhecido na cidade, que ia acompanhado de um reforço de peso, Manuel Rodrigues Gameiro Pessoa, encarregado de Negócios do Reino do Brasil na corte de Paris. Eles estavam autorizados a negociar o reconhecimento da independência do Brasil, sem, no entanto, aceitar a velha e conhecida condição imposta pelos ingleses, e foi o que fizeram: pleitearam o reconhecimento da Grã-Bretanha sem condições prévias, ladainha velha que foi, evidentemente, ignorada por Canning.

A favor do Brasil havia, contudo, ao menos um aspecto positivo, um trunfo, que era o tratado comercial anglo-português, que havia sido assinado em 1810, venceria em 1825 e precisava ser renegociado. O Brasil tinha aceitado as condições do tratado acordado entre Inglaterra e Portugal em 1815, e assinado durante o Congresso de Viena, que abolia o tráfico de escravos na costa africana, na parte norte da linha do equador, ou seja, no Atlântico Norte, e sua complementação de 1817.

Quanto ao tratado comercial, que era muito mais importante para os ingleses do que a extinção do tráfico, a Inglaterra avisou a Portugal, que estava em pleno litígio com o Brasil, que o tratado comercial deveria ser necessariamente revisto no ano de 1825 e que negociaria diretamente com o Brasil essa renovação, pois não poderia esperar a resolução do imbróglio entre Portugal e Brasil em torno do reconhecimento da independência. Do mesmo modo, avisou a Portugal que a assinatura do novo tratado com o Brasil, ou seja, o tratado agora anglo-brasileiro, implicaria também — e automaticamente — o reconhecimento da independência do Brasil. O último trunfo do Brasil para deixar de fora a questão do tráfico de escravos era justamente o interesse comercial inglês, que, todos sabiam, se sobreporia a qualquer outro interesse. O Brasil contava, inclusive dentro da Inglaterra, com a pressão dos comerciantes, que era maior do que a pressão dos antiescravistas.

Para remediar as pressões internas, a Inglaterra usou o seguinte estratagema: em vez da assinatura de um tratado, que implicaria a imposição ao Brasil da aceitação imediata e efetiva da abolição do comércio de escravos, Stuart foi aconselhado a *"obter simplesmente uma convenção que permitisse ao tratado de 1810 continuar em vigor por dois anos, período no qual poderia ser adequadamente revisto e renovado"*.[51] Para tal fim, ou seja, para entrar em negociações com vistas a um tratado comercial anglo-brasileiro, chegou ao Rio de Janeiro, no dia 18 de julho de 1825, Sir Charles Stuart.

Enquanto as tratativas do acordo comercial eram encaminhadas no Brasil, Portugal se via na obrigação de assinar um acordo com o Brasil, e, no dia 29 de agosto de 1825, Portugal assinou o reconhecimento da independência do Brasil mediante uma série de exigências, inclusive de indenização, cujo custo seria coberto por empréstimos ingleses feitos ao Brasil.

Porém, visto que desde as negociações de 1822 havia ficado clara a troca do reconhecimento da independência do Brasil pela abolição do tráfico, a Inglaterra, na negociação desse novo contrato, concordou que haveria um período intermediário para que tal comércio se tornasse totalmente ilegal.

Em 18 de outubro de 1825 foram assinados dois tratados, um relativo ao comércio e outro relativo à abolição. Como o tratado comercial implicava que ele decorria da separação do Império do Brasil do reino de Portugal, a independência estava, portanto, consolidada.

D. Pedro I foi altamente astucioso, pois atendeu aos interesses da Inglaterra no acordo comercial e conseguiu ser atendido em sua demanda no acordo sobre a extinção do tráfico, cuja solução acabou ficando mesmo como ele queria, ou seja, para um momento qualquer num futuro próximo, porém indefinido. Ele tinha razão ao postergar e procrastinar a solução até o ano de 1825, pois isso rendeu ao Brasil melhores condições de negociação.

## O TRATADO DE 1825

O tratado foi elaborado e negociado em sigilo absoluto. Claro, ele concordava com a Inglaterra que o tráfico de escravos fosse abolido num prazo que ainda não tinha sido definido, mas que não tardaria. O Imperador D. Pedro I, ao concordar com um prazo para a extinção do tráfico, parecia ter pensado mais em conseguir a anuência da Inglaterra em relação à independência do Brasil. Seu primeiro objetivo ele havia conseguido; com relação ao segundo, a extinção do tráfico, tinha também conseguido ganhar o que queria: tempo. No fundo, ele sabia que seria muito difícil cumprir suas promessas no curto prazo, mas o objetivo era postergar; era, em última análise, ludibriar os ingleses para que eles desenrolassem a questão mais importante para o imperador, que era a independência.

Ninguém soube de nada, até que, no dia 14 de novembro, o *Diario Fluminense* publicou o tratado sobre a questão da extinção do tráfico. A publicação era uma espécie de jornal oficial do governo, tanto que o nome oficial era *Imperio do Brasil* e o sobrenome, *Diario Fluminense*. Lá eram publicadas notícias sobre os feitos do governo e artigos de autores áulicos, ou seja, aqueles com trânsito palaciano.

As Câmaras se reuniriam apenas em maio de 1826 e, como era de se esperar, o tratado levantou contra o imperador uma imensa animosidade, que ficaria mais evidente no Parlamento.

O tratado dizia o seguinte:

*"Tendo a separação do Império do Brasil do Reino de Portugal habilitado a S. M. B. a reclamar a execução da parte de S. M. I. dos tratados concluídos com a Corte de Lisboa em vinte e dois de Janeiro de mil oitocentos e quinze e vinte e oito de julho de mil oitocentos e dezessete, os quais proíbem a exportação dos escravos da costa d'África às Nações estrangeiras, e Querendo S. M. o Imperador do Brasil pôr fim ao Comércio da escravatura, satisfazendo assim os sentimentos do Seu Coração, e a vontade e desejos manifestados a tal respeito por todos os Soberanos e Governos das Nações civilizadas e mui principalmente por S. M. o Rei do Reino Unido da Grã-Bretanha e Irlanda, Resolveram Suas Ditas Majestades, o Imperador do Brasil e o Rei do Reino Unido da Inglaterra e Irlanda, adotar e fixar no presente Tratado os meios mais eficazes tanto para suprimir o comércio ilícito de escravatura da parte dos respectivos Súditos, como para conseguir afinal abolição do Comércio de escravos no mais curto espaço de tempo possível."*

O primeiro artigo estipulava que, *"quatro anos depois da troca de Ratificações do presente Tratado, não será lícito aos Súditos do Império do Brasil fazer o Comércio de escravos na costa d'África debaixo de qualquer pretexto ou maneira possível"*. Essa era justamente a margem de manobra de D. Pedro I, ou seja, postergar e procrastinar ao máximo a ratificação do tratado para ganhar tempo. Ter conseguido colocar no tratado a frase *"no mais curto espaço de tempo possível"* foi uma vitória do imperador, pois não era comum que os pragmáticos ingleses deixassem assim essas lacunas, essas pontas soltas.

O segundo artigo jogava pesado contra os traficantes:

*"[...] considerava ser pirataria qualquer Comércio de escravos feito nas circunstâncias seguintes:*

*1 — Em Navios ou embarcações Britânicas e com bandeira Britânica, ou por conta de Súditos Ingleses em qualquer Navio, ou debaixo de qualquer bandeira.*

*2 — Em Navios Brasileiros e com bandeira Brasileira, ou por conta de Súditos Brasileiros em qualquer Navio, ou debaixo de qualquer bandeira, depois do prazo e condições estipuladas no artigo 1º deste Tratado.*

*3 — Debaixo de Bandeira Brasileira ou Inglesa por conta de Súditos de qualquer outro Governo.*

*4 — Por embarcações Brasileiras destinadas para algum porto fora do Império".*

O oitavo artigo definia:

*"[...] as Duas Altas Partes Contratantes, para melhor conseguirem o fim que se propõe de impedir todo comércio ilícito de escravos aos seus respectivos Súditos, consentem mutuamente em que os Navios de Guerra de ambas as Marinhas, que para esse fim se acharem munidos de Instruções Especiais, de que abaixo se fará menção, possam visitar os Navios mercantes de ambas as Nações, quando houver motivo razoável de se suspeitar terem a bordo escravos adquiridos por um Comércio ilícito; os mesmos Navios de Guerra poderão (mas somente nos casos previnidos no Artigo Sexto deste Tratado, ou quando de fato se acharem escravos a bordo) deter e levar os ditos Navios, a fim de os fazer julgar pelos Tribunais estabelecidos para este efeito [...]".*

O artigo décimo primeiro criava:

*"[...] duas Comissões Mistas compostas de número igual de indivíduos das duas Nações, que julgarão da detenção dos Navios. Uma residirá no Brasil e outra nos domínios de S. M. Britânica. Cada um dos Governos declarará no ato da troca das ratificações qual é o lugar da residência de sua respectiva Comissão. Estas Comissões julgarão sem apelação*

*as causas que lhes forem apresentadas, regulando-se pelo Regulamento, e instruções anexas ao presente tratado".*[52]

O tratado cairia como uma bomba. Uma parcela dos homens mais ricos do país, que até ontem eram palacianos e circulavam pela alta sociedade — os traficantes —, estava sendo igualada a piratas. Outra parcela dos homens mais ricos do país, igualmente com trânsito palaciano — a elite de fazendeiros escravocratas —, estava vendo a fonte da oferta do trabalho escravo minguar. A animosidade contra o Imperador D. Pedro I subia. Sabiamente, o jornal *Diario Fluminense* publicou na seção de correspondência, imediatamente após a publicação do tratado, na mesma página, um texto que supostamente havia sido recebido pelo jornal e que não levava assinatura alguma — anônimo, portanto — defendendo o tratado e, inclusive, discorrendo sobre os benefícios do fim da escravidão no Brasil. Era uma tentativa de fazer um contraponto positivo ao estrago que a divulgação do tratado causaria à figura do Imperador D. Pedro I perante os pares, apoiadores, correligionários...

O texto dizia resumidamente o seguinte:

*"É moda falar mal do próximo, e muito mais do Governo [...] sobre o Tratado [...] temos matéria vasta de invectivas e calúnias [...] ouvindo as profecias de Lavouras abandonadas, Alfândegas sem rendimento e Brasil deserto pela não importação de escravos [...]. É, pois, necessário, Sr. Redator, mostrar que a abolição do Comércio de escravatura foi estabelecida pela declaração de nossa Independência, e que tal abolição, longe de diminuir, aumentará a riqueza do Império [...]. Em rigor do direito, em conformidade de sentimentos com todos os Governos do mundo civilizado, e para acelerar o melhoramento da nossa indústria, deveria a não importação de escravos verificar-se desde o dia do Reconhecimento do Império [...]. A lavoura tanto pode ser feita por homens livres, como por escravos, mas no primeiro caso há mais produto, mais inteligência, e menos capital*

*empregado: a razão e o próprio interesse aconselham a qualquer indivíduo preferir o trabalho do homem livre ao do escravo [...]. Dizem porém que na América, por causa do excessivo calor e pelo desprezo em que é tido o trabalho, só por escravos podem ser lavradas as minas, ou cultivadas nossas terras: mas contra fatos não valem suposições, e deixando de citar exemplos de Europa, temos o fato de que em todos os novos Estados Americanos, exceto o Brasil, tudo é feito por homens livres [...] nossos vizinhos não têm escravos [...] e contudo têm agricultura, têm minas, têm comércio, e sua riqueza vai em progressivo e constante andamento [...] para Buenos Aires foram quatro mil Ingleses há poucos meses, e para o Canadá, em termo médio, vão todos os anos para cima de dez mil Europeus [...]. Se todas as nações do velho, e novo mundo, que aboliram o tráfico da escravatura, longe de diminuir sua povoação, e Comércio, cresceram em civilização, riqueza, e número, por que há de acontecer o contrário no terreno mais fértil e mais bem situado do Universo! Se todos procuram freguês rico, como é possível que os Ingleses desejem empobrecer o Brasil [...]. Poderão os Brasileiros adquirir ideias sólidas de verdadeira liberdade, de dignidade pessoal, de caridade e compaixão por seus semelhantes, enquanto forem educados no meio de escravos? Eu creio que não. [...] Assim seja".*[53]

Quem seria o autor desse texto anônimo em defesa do imperador, do tratado e antiescravista? Bonifácio, Brant? Isso jamais saberemos. O que sabemos é que o blá-blá-blá abolicionista soava aos ouvidos de traficantes e escravocratas como uma bobagem de jovens idealistas.

D. Pedro I, que já havia fechado a Assembleia Constituinte e com isso atraíra para si a fúria daqueles que haviam sido alijados de seus mandatos, agora fechava um tratado com a Inglaterra sobre um tema importantíssimo e bastante sensível no Brasil, sem esperar a abertura do ano legislativo para consultar o Parlamento, que já estava constituído e se reuniria dali a poucos meses. Era por esses rompantes absolutistas que o imperador angariava cada vez mais a antipatia de parte da sociedade e dos políticos. Por causa disso também ele seria contestado, e essa contestação culminaria, certamente, na abdicação de 1831.

## A ASTÚCIA DO PARLAMENTO

A instalação da Assembleia Geral, do Senado e da Câmara dos Deputados se deu no dia 6 de maio de 1826, e o tratado repercutiu imediatamente no começo dos trabalhos.

No dia 18 de maio de 1826, no plenário da Câmara dos Deputados, o Deputado José Clemente Pereira — conhecido como José Pequeno —, um dos mais influentes da província do Rio de Janeiro, apresentou imediatamente um projeto para a total abolição do comércio de escravos, que previa o seguinte:

*Art. 1º: O comércio de escravos acabará em todo o Império do Brasil no último dia do mês de Dezembro do ano de 1840, e desde esta época ficará sendo proibida a introdução de novos escravos nos portos do mesmo Império.*

*Art. 2º: Todo o navio, que passado o referido prazo, for encontrado levando a seu bordo alguma carga de escravos, será apreendido e vendido em hasta pública; e metade do seu produto se entregará aos apreensores e a outra metade será aplicada a favor daqueles, que ficarão libertos.*[54]

Outro projeto, mais ousado, apresentado pelo Deputado Nicolau Pereira de Campos Vergueiro, de São Paulo, previa a abolição total do comércio de escravos no Brasil num prazo máximo de seis anos. No dia 8 de junho foi lido o parecer da Comissão de Legislação, de Justiça Civil e Criminal da Câmara favorável ao projeto.

Essas propostas só surgiram, obviamente, em função do tratado assinado entre Brasil e Inglaterra, ao qual foi dado publicidade, como vimos, por meio da publicação no jornal. Na então atual Câmara dos Deputados e no Senado, os representantes dos interesses rurais eram muito mais expressivos do que tinham sido na época da Assembleia Constituinte. Desse modo, os projetos apresentados seguiam o seguinte raciocínio: *"Se o governo realmente acreditava que o comércio de escravos não era mais do interesse do Brasil, devia promulgar leis para a sua gradual abolição. Não devia comprometer a independência e os interesses nacionais com a assinatura de um tratado para a sua abolição imediata simplesmente porque uma poderosa nação estrangeira o exigia."*[55]

Levantar esse debate sobre a legalidade do tratado e sobre a intromissão da Inglaterra na soberania do país tinha certamente como objetivo ajudar na procrastinação da ratificação do tratado e ganhar tempo. Quando a Inglaterra futuramente cobrasse o prazo da execução do tratado, o imperador poderia arguir que outras leis menos draconianas já haviam sido elaboradas para tratar a questão internamente de forma soberana.

O futuro, porém, chegou bem antes do que todos esperavam. Na Inglaterra, Canning simplesmente se recusou a ratificar quaisquer dos dois tratados feitos com o Brasil e chamou Stuart de volta a Londres. Ele obviamente não concordava com as indefinições nos prazos e a superficialidade do tratado. Pelo que tudo indicava, não tinha caído na conversa mole do imperador sobre os tais prazos indefinidos.

A novela parecia não ter fim.


## DE VOLTA À MESA DE NEGOCIAÇÃO

No dia 13 de outubro de 1826, chegou ao Rio de Janeiro Robert Gordon, a quem D. Pedro I, não por acaso, se referiria mais tarde como *"aquele escocês teimoso e mal-educado"*. Na primeira reunião, D. Pedro I foi obrigado a fazer o que tinha se livrado de fazer no primeiro tratado, que era definir prazo e data fixos para o fim do tráfico. Antes, porém, tentou procrastinar mais uma vez a decisão, procurando convencer o enviado inglês de que, antes de qualquer decisão, seria preciso esperar que as Câmaras voltassem a se reunir para consultá-las, coisa que ocorreria somente em maio de 1827. Essa probabilidade foi imediatamente rejeitada, e o acordo tinha que sair já, pois o imperador vinha empurrando com a barriga desde 1825 e a paciência dos ingleses havia se esgotado.

No dia 17 de novembro, os dois lados se reuniram uma terceira vez, e *"os brasileiros vieram com autorização do imperador e do Conselho de Estado para proporem um período intermediário de quatro anos, bem como uma indenização por perda de receita. Gordon rejeitou a ideia de indenização, mas disse estar disposto a concordar com um prazo de três anos antes da abolição final"*.[56]

Assim, um tratado anglo-brasileiro contra o comércio de escravos foi finalmente assinado em 23 de novembro de 1826, e dessa vez com o cuidado de fazer D. Pedro I ratificá-lo. Com esse tratado de 1826, o último prazo assumido pelo Brasil para abolir o tráfico de escravos era o ano de 1830.

Mas, se a questão com os ingleses parecia resolvida, no Brasil ela estava só começando. Em maio de 1827, as Câmaras se reuniriam, e uma das principais discussões seria justamente o tratado, que não havia novamente passado pelo escrutínio das Câmaras e, obviamente, o assunto estava entalado na garganta dos escravistas. O debate ao longo das sessões da Câmara de 1827 nos dá a dimensão do tamanho que o tema escravidão tinha no Brasil e quanto era complicado mudar essa estrutura secular.

Ela — a estrutura escravista — não seria facilmente alterada apenas numa canetada. A queda de braço estava só começando.

O problema no Brasil estava longe de ser resolvido.

# 1827

## UM TRATADO PARA INGLÊS VER

O tratado foi remetido à Câmara em 22 de maio pelo Secretário de Estado João Severiano Maciel da Costa, o Marquês de Queluz. O parecer final sobre o tratado ratificado entre o Brasil e a Inglaterra foi apresentado à Câmara em maio, passou por uma comissão diplomática e entrou em debate no dia 2 de julho de 1827 para apreciação dos deputados.

A discussão começou a esquentar já na comissão de diplomacia, instaurada em junho de 1827, e em julho, na Câmara, atingiu o ponto de fervura.

## A COMISSÃO DIPLOMÁTICA

A principal reticência ou a principal resistência ao tratado era o fato de ele ter sido fruto de uma decisão monocrática do imperador em detrimento das Câmaras. Os deputados alegavam o desrespeito ao parágrafo 8 do artigo 102 da Constituição outorgada pelo próprio D. Pedro I:

*"Fazer Tratados de Aliança ofensiva e defensiva, de Subsídio e Comércio, levando-os depois de concluídos ao conhecimento da Assembleia Geral, quando o interesse e segurança do Estado o permitirem. Se os Tratados, concluídos em tempo de paz, envolverem cessão ou troca de Território do Império ou de Possessões a que o Império tenha direito, não serão ratificados, sem terem sido aprovados pela Assembleia Geral."*[57]

A comissão de diplomacia e estatística sobre a convenção da abolição do comércio da escravatura, celebrada entre S. M. o Imperador e a S. M. Britânica, foi constituída e se reuniu no dia 16 de junho de 1827, composta por cinco membros: Luis Paulo de Araújo Bastos, Raymundo José da Cunha Mattos, Marcos Antônio de Souza, conhecido como Bispo do Maranhão, Romualdo Antônio de Seixas, conhecido como Arcebispo da Bahia, e Luiz Augusto May.

Dos cinco pareceristas, dois votaram contra o tratado: o Deputado May optou por um caminho pragmático, que era colocar em dúvida a validade do tratado, uma vez que tinha sido fruto de uma decisão monocrática do imperador e atentava — como vimos — contra o artigo 102 da Constituição. Disse ele que *"não só este tratado como todos os tratados que envolvem o interesse e segurança do estado e que se apresentam a esta câmara depois de ratificados, sem haverem sido comunicados ao corpo legislativo entre a conclusão e a ratificação dos mesmos, não podem ser objetos de deliberação depois de ratificados, pois que tais deliberações seriam de todo ociosas [...]"*.[58]

May era jornalista nascido em Portugal, tendo chegado no Brasil em 1815. Fundou, então, o jornal *A Malagueta*, que fazia uma forte oposição ao Imperador D. Pedro I e a seus arroubos absolutistas, como o episódio do fechamento da Assembleia Constituinte. Era também

# MALAGUETA
# EXTRAORDINARIA.

## CINCO DE JUNHO DE 1823.

> *Quando se diz á cerca dos Negocios do Estado
> — que me importa ? — deve-se contar que o Estado
> está perdido.*
>
> J. J. Rousseau.

CARTA QUE Á SUA MAGESTADE IMPERIAL DIRIGE O REDACTOR.

### SENHOR.

*Fratres : Scientes quia hora est jam nos de somno surgere.*

Irmãos : como que saibamos que he chegada a hora de acordarmos do nosso somno.

S. PAULO Epist. aos Rom.

Erão passados tres Mezes depois que Vossa Magestade Imperial Se havia dignado declarar-me, que a Publicação suja do Espelho de 10 de Janeiro havia de ser contestada no Diario do Governo de huma maneira resumida sim, mas sufficiente para demonstrar, que o Governo de V. M. I. não tinha tido parte alguma n' huma producção, que a todos parecee sahir debaixo dos auspicios de Alta protecção : parecia mesmo, que a conhecida ascendencia do Secretario de Estado dos Negocios Estrangeiros podia mais que a Justiça, e do que a sã politica; eis que aparece o Decreto de V. M. I. de 23 de Abril, pelo qual He V. M. I. Servido, com o soccorro unico da Sua consciencia, Procurar remediar o mal, que outros havião feito.

A maneira porque V. M. I. Se pronunciou na expedição deste Decreto não me deo lugar para outro expediente, que não fosse o da mais humilde conformidade com a precitada Imperial Disposição, que de mais me obrigava a reconhecer a Religiosidade com que V. M. I. buscava deshaver-Se aos Olhos de DEOS, e do Mundo das implicaçoens, em que a louca imprudencia, e criminalidade dos Inimigos de V. M. I. ( nem já só meos ) nos tinhão envolvido, e nos terião continuado a envolver, se se não interpozesse a Sagacidade de V. M. I.; hé tambem verdade que Antonio Telles achava-se nas agoas do Mar, e o Espelho no lodo dos Abismos; e tudo isto me constituio na rigoroza obrigação de beijar a Augusta Mão de V. M. I. por motivo do Decreto de 23, e de desprezar

*ideas romanescas*, que não vinhão para o cazo no momento, em que me cabia reservar-me para sahir a Campo, quando precizo fosse: não tardou a occasião, e eis-me aos Pés de V. M. I.

Desde Julho do anno passado, Senhor, não erão estranhos a V. M. I. os meos sentimentos sobre as *Correrias do Ministerio*, e sobre as *Vizoens do Fofo e Pobre Ledo*: na minha Malagueta Extraordinaria fiz ver ao Brasil os mules que nos aguardavão, se as conjecturas dos *Zangoens do Rio de Janeiro*, dos *Dezembargadores Mineiros*, dos *Maçons*, e dos *Cavalheiros da Santa Cruz*, tivessem de transcender sobre a Opinião das Provincias ácerca da Factura da nossa Constituição : tive o dissabor de me ver só, ou quasi só na opposição aos principios, que dominavão em *dous partidos* nos mezes de Julho, Agosto, e Setembro; e pragnejei tanto os *Maçons*, como os *Apostolos*, com a ingenuidade, que era filha da minha neutralidade. Todos sabem, Senhor, que eu *nem fui, nem sou Maçon*, e que em tempo nenhum tive tentação de o ser, e que só sim hesitei se me conviria sê-lo no Rio de Janeiro, a bem da Causa do Brasil, já porque não havia mais rasão para eu ser Escritor, do que *Maçon a Prol da mesma Causa*; já porque eu via homens mais velhos, e profundos do que eu, correndo naquelle tempo *para iniciarem-se*, e *fazer iniciar os outros com mais enthusiasmo, ou frenezim do que tinhão tido os Judeos quando corrião ás Agoas do Jordão do tempo de João Baptista.*

PRIMEIRA PÁGINA DO JORNAL *A MALAGUETA*

inimigo declarado de José Bonifácio, a quem acusava, inclusive, de ter contratado homens para assassiná-lo.

O Deputado Cunha Mattos foi menos cuidadoso e saiu abertamente em defesa da continuidade do comércio de escravos, dando um voto contundente contra o tratado. Ele era português, chegara ao Brasil em 1814 e combatera a Revolução Pernambucana de 1817. Em 1826, depois de passar por Pernambuco e Rio de Janeiro, foi eleito por Goiás, tornando-se deputado no Rio de Janeiro.

Declarou que *"a convenção celebrada entre o governo do Brasil e o britânico para a final abolição do comércio da escravatura era derrogatória à honra, interesse, dignidade, independência e soberania da nação brasileira"*.[59] E enumerou sete motivos que o faziam pensar assim:

*1º Porque ataca a lei fundamental do Império do Brasil;*

*2º Porque prejudica enormemente ao comércio nacional;*

*3º Porque arruína a agricultura, princípio vital da existência do povo;*

*4º Porque aniquila a navegação;*

*5º Porque dá um cruel golpe nas rendas do Estado;*

*6º Porque é prematura:*

*7º Porque é extemporânea.*

Desse modo, concluiu o deputado:

*"Desaprovo portanto a convenção feita com o governo britânico sobre a forçada abolição do comércio de escravos (forçada pelas ameaças: hostilidades no caso de oposição da nossa parte). Desaprovo a inconstitucional decretação do crime de pirataria, e todas as suas bárbaras consequências: e declaro que o governo e a nação brasileira foram coactos, obrigados, oprimidos, sujeitados e compelidos pelo governo inglês a uma onerosa e degradante convenção sobre os nossos negócios internos, domésticos, puramente nacionais, e de única*

*competência do livre e soberano poder legislativo, e do augusto chefe da nação brasileira.*"[60]

Eles foram votos vencidos, e a convenção acabou por ser aprovada por três votos a dois. Mas os deputados vencidos — sobretudo o indignado Cunha Mattos — levaram a discussão para o plenário da Câmara dos Deputados, onde ele discursou por longas duas horas argumentando a sua posição contrária e indignada.

## INGLESES ENFURECIDOS

Dois anos após a assinatura do tratado em 1825, e alterado e ratificado em 1826, o Brasil seguia numa espécie de loucura em relação a sua aplicação prática. Nada havia mudado, nenhuma atitude tinha sido tomada, e a paciência dos ingleses se esgotara, pois já começavam a desconfiar de que haviam sido ludibriados com a troca da assinatura do tratado pelo reconhecimento da independência. Quando receberam uma carta do Brasil justificando o atraso em relação a atitudes práticas, eles tiveram certeza de que estavam sendo enganados e que o tratado, como ficariam conhecidas depois todas as negociações com os ingleses, era apenas "para inglês ver". No Brasil, ainda hoje, todas as vezes que se faz algo superficial (ou mesmo finge-se fazer) com o intuito de dar apenas uma aparência de mudança para algo que vai continuar exatamente como está, usamos essa expressão — "para inglês ver", ou seja, apenas para cumprir de forma cosmética, e não na prática, a demanda, a pressão de um fator externo que está causando algum tipo de empecilho.

Um ofício que os ingleses enviaram de Londres, dando uma bronca no governo do Brasil pela demora na aprovação e implementação da lei, seguiu junto com a cópia da referida convenção para a Câmara dos Deputados.

O diálogo entre Brasil e Inglaterra foi o seguinte:

Disse o Brasil:

*"Logo que o plenipotenciário britânico apresentou o seu projeto para a dita convenção, os plenipotenciários brasileiros lhe observaram que haviam mudado muito as circunstâncias depois da época de 18 de Outubro de 1825, em que fora assinada a convenção feita com Sir Charles Stuart, e que não foi ratificada por Sua Majestade Britânica, pois que não estava reunida então a assembleia, e o governo podia atender aos interesses gerais da nação; e conseguintemente achava-se agora o mesmo governo embaraçado de concluir ajuste algum a este respeito, visto que na câmara dos deputados já havia aparecido um projeto de lei, em que se propunha a abolição do tráfico dentro em seis anos,\* convindo por isso esperar pela próxima reunião da assembleia para proceder o governo com toda a circunspecção em um negócio de importância vital para a nação".*[61]

Era evidentemente uma, digamos, malandragem brasileira, a apresentação de um projeto para melar a assinatura do tratado.

Mas a resposta dos ingleses foi dura e certeira:

*"O plenipotenciário britânico pensava que Sua Majestade o Imperador não havia mudado dos seus sentimentos de justiça e humanidade, que tantas vezes manifestara sobre a abolição da escravatura; que não fora mandado pela sua corte para alongar, mas sim para abreviar o prazo, e que, além disto, achando-se já proibido o tráfico de escravos ao norte do equador, Sua Majestade Britânica querendo mostrar toda a contemplação para com os interesses deste império, que desejava promover; não quis, depois do ato de sua independência,*

---

\* O projeto de Vergueiro, como vimos. (N. A.)

*requerer ao governo português o cumprimento dos tratados existentes com Inglaterra, pelos quais o mencionado tráfico é geralmente proibido às nações estrangeiras. Que sem isso, talvez dentro em seis meses o Brasil não tivesse porto algum aonde fizesse aquele tráfico, a não ser por contrabando. Que a resistência da parte do governo brasileiro seria completamente inútil, porque assentado, como está, entre todas as nações cultas acabar com esse tráfico geralmente, e tendo el-rei fidelíssimo prometido fazê-lo também gradualmente, promessa que não se cumpriu de maneira alguma, o governo britânico ou faria que Portugal fechasse os portos africanos ao comércio brasileiro de escravatura ou embaraçaria com suas esquadras o acesso aos navios brasileiros que para eles se dirigissem."*[62]

O Marquês de Queluz até tentou amenizar o tom da resposta inglesa e azeitar as abaladas relações entre a Câmara e o imperador, dizendo

*"[...] o governo atentou pelo bem da nação, cedendo por bem o que lhe seria tirado pela força, poupando até as perdas que teria em caso contrário. Quanto à condição que parece forte, de serem considerados piratas os armadores que fizerem contrabando, cumpre notar que é notório, que a Inglaterra tem insistido sobre este ponto com todas as nações estrangeiras; e que já nos Estados Unidos da América passou na câmara dos representantes uma lei em que se impunha igual pena sobre os referidos armadores, por se ter reconhecido que era esse o único eficaz meio de se evitar a continuação do tráfico da escravatura".*[63]

A verdade era que a Inglaterra vinha, e estava, sendo enganada. Nunca houvera, e não havia, disposição alguma do governo brasileiro em mudar ou fazer com que algo acontecesse em relação ao tráfico e ao comércio de escravos. Os traficantes eram palacianos. As leis apresentadas por representantes dos escravistas não passavam de malabarismos protelatórios. Até mesmo o ufanismo visando frear a investida inglesa contra a nação, com a imposição de suas exigências, era mero adorno, não representava o sentimento da nação como um todo, senão de uma classe minoritária. E a intenção de quase todos: procurar manter o *status quo* da escravidão, usando para isso um vergonhoso aparelhamento do Estado. Mas, perante um inimigo poderosíssimo, tornava-se necessário acautelar-se, arrumar meios, subterfúgios para tentar mitigar as perdas.

A Inglaterra, contudo, não estava para brincadeira. Muito pelo contrário, dispunha-se a posicionar seus canhões na baía de Guanabara se preciso fosse. Na Câmara, como era de se esperar, houve um intenso e inflamado debate — travestido de salvaguarda da honra da nação — sobre as imposições da Inglaterra.

Vejamos.

## O DEBATE NA CÂMARA

No dia 2 de julho de 1827, as discussões foram retomadas, e o Deputado Cunha Mattos elaborou então um discurso longo, de mais de duas horas, para justificar sua oposição — além das razões que já havia exposto — à assinatura da convenção. Ele teceu um quadro bastante crítico em relação à Inglaterra, repetindo o que já havia sustentado na ocasião do parecer negativo que dera à assinatura do tratado na comissão diplomática:

*"Senhor presidente, o comércio de escravos deve acabar, mas deve acabar quando assim o quiser a nação brasileira, livre, soberana, e independente dos caprichos ou da vontade do governo de Inglaterra* [...]. *Eu vejo-me obrigado a dizer que ela — a convenção — acha-se concluída, que está ratificada pelo nosso imperador, mas que ela é de sua natureza nula, e não deve produzir efeito contra o Brasil! O primeiro*

*motivo da sua nulidade é porque foi extorquida do nosso governo por força, violência e ameaças [...]."*[64]

O primeiro motivo de nulidade — a imposição violenta e ameaças — era falso. Como vimos, a Inglaterra vinha, desde 1822, fazendo um grande esforço diplomático para que o reconhecimento da independência e o fim do tráfico de escravos caminhassem juntos.

A segunda nulidade do tratado, continuou o deputado, *"consiste na grave lesão que dele resulta aos povos do Brasil, tanto na sua agricultura e comércio, como pela diminuição das rendas nacionais".*[65]

Essa segunda nulidade também era falsa, pois a escravidão, embora rendesse altos dividendos para uma pequena parcela da população, mostrava-se nefasta para o desenvolvimento econômico e para o bem geral do povo. O erário público realmente seria afetado, mas o recolhimento de impostos sobre um comércio tão repulsivo e desumano deveria mesmo ser abolido.

A terceira nulidade, disse, *"é muito saliente; o governo com a independência da assembleia legislativa, estabeleceu leis de crimes e de penas; crime de pirataria e pena de morte que é a que lhe corresponde. Por este modo ficando atacada na sua base a lei fundamental do império, vão os cidadãos brasileiros a ser julgados por juízes estranhos, em terras estranhas, por crimes e com castigos não declarados pelos seus representantes, estabelecendo-se por semelhante maneira comissões especiais compostas de estrangeiros contra a letra expressa da constituição".*[66]

A terceira nulidade apontada pelo deputado também era falsa, visto que os cidadãos brasileiros seriam julgados por juízos mistos de juízes brasileiros e ingleses. Quanto ao crime de pirataria, era o mínimo para procurar conter os traficantes que não se deixavam amedrontar por leis menos incisivas.

*"Entretanto, Sr. Presidente* [continuou ele], *a experiência de muitos anos que residi na costa d'África, sem ser negociante de*

*escravos, fez-me persuadir que o tal comércio é menos odioso do que comumente se supõe! São porventura criminosos os negociantes que traficam em escravos, e as equipagens dos navios que os transportam para a América? Os filantropistas modernos, os sectários da associação africana, ou os discípulos da sociedade dos amigos dos negros, a cuja testa se acham membros mui conspícuos da revolução francesa dizem que são criminosos, cúmplices e corréus daquelas barbaridades; mas o homem que tem estudado os costumes antigos e modernos dos africanos não infama tão levemente aqueles que negociam em escravos nos portos da Costa d'África [...] não será melhor que os infelizes tomados em guerra sejam conduzidos para fora da África do que serem assassinados por um braço sempre armado? [...] É melhor que os pretos escravos sejam sacrificados na África do que serem conduzidos para o Brasil, onde podem vir a ser muito menos desgraçados?"*[67]

Neste ponto, o deputado alimentava a ideia difundida e a falsa premissa de que a escravidão no Brasil era melhor do que a morte certa na África. Bonifácio já havia combatido e denunciado esse argumento falacioso em 1823. Mas toda vez que alguém criticava ou levantava suas objeções à escravidão ou às condições dos escravos no Brasil, os escravistas saíam com esse pensamento estapafúrdio em defesa da escravidão. Era verdade que a maioria dos escravos vendidos na África se constituía de prisioneiros de guerras internas, mas de guerras que esses prisioneiros haviam iniciado contra a escravidão. Esqueciam-se de dizer também que o caos das guerras no território africano era produto da escravidão que os portugueses haviam introduzido lá desde o século XVI.

E seguia o deputado, dizendo estar convencido de que

*"[...] em cessando o comércio de escravos não há de diminuir grandemente ou pelo menos ficar por muito tempo paralisada a agricultura! E até penso, que as terras em que no dia de hoje há grandes plantações,*

*hão de vir a ficar cobertas de matos e as estradas cheias de capim!
Isto não acontecerá logo nos primeiros anos, mas há de suceder antes de
vinte e nesse tempo os que viverem hão de lembrar-se das discussões
que a esse respeito temos hoje nessa casa!! Faça-se a vontade aos
ingleses, gema quem gemer e o mais forte vença ao mais fraco".*[68]

Outra premissa falaciosa, pois bastava pagar salários, que
certamente os trabalhadores apareceriam. O trabalho assalariado,
com certeza, multiplicaria a produção. E encerrou seu discurso
duas horas depois de iniciado apelando aos nobres deputados:

*"Senhores, é moda do dia falar contra o tráfico dos escravos; aban-
donemo-lo, mas seja abandonado por nós mesmos, por leis nossas; seja
abandonado com honra, com dignidade, e sem intervenção da força
armada inglesa. Eu vejo que esta última condição é impraticável;
o tratado acha-se concluído, acha-se ratificado por Sua Majestade
Imperial; o negócio não pode voltar atrás; o governo cedeu à força
maior; acomodemo-nos com a nossa desgraça; mas cumpre que a
Inglaterra saiba, e que saiba o mundo todo, que os brasileiros conhe-
cendo [...] que este tráfico é odioso, e que deve terminar no Brasil;
os mesmos brasileiros clamam contra a intervenção armada dos
ingleses [...]. O meu voto, portanto, dirige-se a que acabe o comércio
de escravos, mas que acabe com dignidade nacional."*[69]

Mentira, pois, se dependesse do Parlamento altamente dominado por escravistas devido ao voto censitário, o tráfico e a escravidão
jamais seriam abolidos.

A verdade é que o tráfico estava irremediavelmente condenado
— não havia como lutar contra a Inglaterra.

Apenas na sessão do dia seguinte, 3 de julho de 1827, foram retomadas as discussões sobre o tratado com a Inglaterra.

Quem iniciou as falas foi o Deputado Romualdo Antônio de
Seixas, conhecido como Arcebispo da Bahia, que já havia, como vimos,

votado a favor do tratado na comissão diplomática. Seixas foi o décimo sexto arcebispo da Bahia e primaz do Brasil, nasceu no Pará e, em 1827, encontrava-se no Rio de Janeiro como pregador da Capela Imperial, nomeado por D. Pedro I, e como deputado pela Bahia.

Referindo-se a Cunha Mattos, disse: "[...] *é necessário que eu justifique a divergência das nossas ideias no parecer da comissão de que ambos temos a honra de ser membros.*" A partir daí deu um dos mais lúcidos discursos sobre a questão da escravidão no Brasil.

"[...] *Todas as nações são obrigadas, sem dúvida, a procurar o meio da sua conservação e bem ser; e evitar a sua destruição; mas é preciso que estes meios não sejam injustos, nem reprovados, e proscritos pelo direito natural [...] E haverá quem diga que os meios fornecidos pelo comércio de escravos não são injustos ou que este comércio*

ROMUALDO ANTÔNIO DE SEIXAS

*não é ilícito, vergonhoso, degradante da dignidade do homem antisso-*
*cial, oposto ao espírito do cristianismo, e somente próprio para retardar*
*os progressos da civilização da espécie humana? [...] Apresentou depois*
*o ilustre orador um triste e medonho quadro das guerras e hostilidades*
*que cometem reciprocamente as tribos africanas, e fez ver que era até*
*um ato de humanidade arrancar os desgraçados negros à morte ou*
*escravidão a que eram condenados no seu país natal; mas eu creio,*
*Sr. presidente, que nem um desses africanos agradeceria ao ilustre*
*deputado esse ato de compaixão e humanidade, que os arrebata da*
*companhia de suas mulheres, de seus filhos e de sua pátria, para os vir*
*entregar com a mais horrível degradação e zombaria ao açoite de um*
*senhor implacável; quanto mais que é constante, pelo testemunho de*
*todos os viajantes, que essas guerras nunca foram mais frequentes e*
*cruéis, como depois da introdução de tão abominável tráfico; que foi*
*desde tão funesta época que a escravidão começou a ser na jurispru-*
*dência dos africanos a pena do crime; que desde então a confiança e*
*a paz fugiram daquelas regiões, e que a presença de um navio sobre a*
*costa se torna como o sinal da mais bárbara perseguição, estimulando*
*a cobiça, a perfídia e a vingança que despregam, e exercitam sobre as*
*povoações vizinhas a sua fatal influência. E quem serão os culpados*
*dessas guerras, hostilidades, efusão de sangue, suicídios e de tantos*
*horrores, que revoltam a natureza, senão os armadores ou antes os*
*governos que consentem e autorizam? [...] Declamou-se depois contra a*
*intervenção do governo britânico, quando exige da nação brasileira*
*a abolição final do tráfico da escravatura [...] este negócio se há tornado*
*inteiramente brasileiro depois que a assembleia constituinte acedeu,*
*como é constante, ao voto geral da abolição de tal comércio e autorizou*
*ao governo para tratar sobre este assunto com o governo britânico. [...]*
*Mas ainda supondo que seja ilegal a intervenção da Inglaterra, e fora*
*da esfera dos limites do direito das gentes, é preciso atender à mesma*
*natureza da coisa; se a requisição do governo inglês é fundada na justiça*
*universal, e conforme nos princípios da religião e da natureza, como*

*fica demonstrado, não devemos hesitar um só momento em satisfazê-la, ainda quando uma tal iniciativa partisse do nosso maior inimigo. [...] Das increpações feitas aos ingleses passou o nobre orador a pintar a desgraça a que fica reduzido o Brasil com a abolição do tráfico da escravatura e o golpe fatal, que ela vai descarregar sobre o comércio, agricultura, indústria e marinha do Império. Tais são, Sr. presidente, as queixas e pretextos que ordinariamente alega a cobiça e o interesse contra inovações e reformas aliás saudáveis e necessárias; mas que ferem os lucros e vantagens de alguns particulares. [...] O mesmo há de acontecer ao Brasil, quando a falta de braços africanos o obrigar a lançar mão de medidas mais sólidas, e perduráveis, que até agora se tem desprezado; sentir-se-ão alguns inconvenientes inevitáveis em tais mudanças ou alterações mercantes; mas eles serão passageiros, e logo reparados pela melhor direção dos capitais, hoje consumidos no ruinoso comércio de escravos. [...] Eis aqui o que eu tinha a dizer sobre esta matéria, protestando com aquela franqueza e candura que me é própria, que ainda quando o tratado exigisse a abolição do tráfico já e já, eu subscreveria e aprovaria esta salutar medida com infinito gosto e reconhecimento."*[70]

O deputado desmontou no seu discurso todos os mitos e cantilenas sobre a escravidão que contava o deputado escravista.

Havia um forte sentimento antiescravista no Brasil e, mais que isso, havia a plena consciência de que o regime de escravidão era o principal entrave, o principal obstáculo para o desenvolvimento econômico do país. Mas num momento em que o Estado estava aparelhado por essas forças poderosas, embora representassem uma minoria, pregar contra a escravidão era pregar no deserto.

O Deputado May prosseguiu na sua linha de análise de que o tratado era ilegal, pois não havia seguido o rito de passar antes pela Câmara dos Deputados. Ele continuava sustentando:

"[...] *Venham todos estes tratados à câmara e simultaneamente se lhes fará devida poda para que o ministério inglês veja que o corpo legislativo do Brasil refletiu com proporção política [... que] venham para esta câmara todos estes tratados, sobre os quais eu tenho muito e muito a dizer, uma vez que a câmara julgue que os princípios do meu voto separado são dignos de atenção; portanto, mais nada direi enquanto eu não vir aqui todos os tratados e especialmente o tratado do rei cristianíssimo".*[71] Era só uma artimanha para obstruir a discussão, nada mais.

O próximo a se manifestar foi o Deputado Antônio Francisco de Paula Hollanda Cavalcante Albuquerque, pernambucano que, em 1827, estava na Câmara como deputado, iniciando sua longa trajetória política que o alçaria ainda aos cargos de senador, ministro e conselheiro de Estado. Estava também descontente com os rumos que o governo havia tomado na condução da elaboração, tratativas e assinatura do tratado. Disse o deputado:

"*Perguntarei primeiro, o que vem fazer aqui este tratado? Suponhamos que vem para ser aprovado, mas se o governo pode fazer tratados independentemente de nos consultar, nós não temos poder algum para fazer questões e não se necessita mais que dizer-se — estamos inteirados. Essa hipótese, porém, não pode ser banida do espírito da constituição; algumas reflexões suspendem o meu juízo e acho muito bem fundado o parecer do sr. May. [...] Ora, se o governo está fazendo tratados, que de sua natureza deviam vir ao conhecimento da câmara antes de ratificados, demos-lhes a denominação que se quiser, mas não havemos de dizer que ficamos inteirados, tendo esta ratificação precedido a comunicação à câmara. [...] todas as vezes que o tratado envolver dano manifesto à nação, esse tratado não pode ser aprovado, embora se diga outra coisa dos tratados concluídos em tempo de paz. [...] A inteligência que se pode dar é, antes de ratificados, serem remetidos ao corpo*

*legislativo para os aprovar ou desaprovar e então serem ratificados. [...]*
*De fato, o governo inglês praticou uma ação que não se pode dizer digna*
*dessa nação dotada dos melhores sentimentos e que goza do melhor dos*
*governos. Pois serão esses mesmos homens, os mais liberais, que querem*
*impor e dar a lei ao mundo? É indigno da Inglaterra o dizer a seu agente*
*ao ministro brasileiro — que embaraçaria com suas esquadras etc. [...]*
*diria duas palavras sobre a pena imposta no tratado a este crime de*
*contrabando reputado pirataria e seria um que votasse por ele e pela*
*pena de morte. Não acho nada injusta, porque fazer moeda falsa é*
*porventura um crime maior? Faz tanto mal à sociedade? Acho muito*
*simples que o homem naturalmente queira ser mais rico e tem este crime*
*a pena de morte, por que não terá aquele que promove a escravidão?*
*Não digo, todavia, com isto, que na Inglaterra enforquem os brasileiros;*
*acho muito impróprio que o governo inglês imponha essa pena a súditos*
*brasileiros; acho que devia ser imposta pelo corpo legislativo do Brasil".*[72]

Não havia nas determinações que constavam no tratado nenhum
dano manifesto à nação, pois a escravidão não era um negócio da
nação, e sim de uma pequena elite escravocrata.

O Deputado Francisco de Paula Souza e Melo era de São Paulo.
Havia sido membro da Assembleia Constituinte de 1823, depois seria
deputado por três legislações, senador, ministro, e por fim tornar-
-se-ia primeiro-ministro do Império em 1848. Disse ele:

*"Eu não falarei na direção em que têm falado os honrados membros*
*que me têm precedido; não tratarei da injustiça e da barbaridade do*
*tráfico de escravos nem da conveniência ou importunidade de sua*
*abolição. [...] Como, pois, poderia o nosso governo celebrar esta nego-*
*ciação que nem é um tratado? E mesmo que o fosse não é daqueles que*
*a constituição lhe faculta. É, pois, evidente, que o ministro violou a cons-*
*tituição e que é responsável, e sendo nós os fiscais da constituição,*
*devíamos necessariamente acusar o ministro. Mas não para aqui o abuso*

*do ministro. É disposição constitucional que só o poder legislativo tenha o direito de fazer ou derrogar leis; é evidente por consequência que viola a constituição quem exerce esse direito; como, pois, teve o ministro a animosidade de derrogar leis e fazer leis por este tratado? Poderia ignorar ele, que proibindo (sem ato do poder legislativo) a importação de escravos (como fez por esse tratado) derrogava as leis, pelas quais isso era permitido e as leis que estabeleceram os tributos, que disso se percebiam, resultando grande vazio da renda pública? Poderia ele ignorar que declarar crime de pirataria o contrabando era fazer lei e lei atroz e bárbara, classificando o crime e impondo a pena? e (o que é mais) sujeitando os cidadãos brasileiros às comissões especiais e privando-os do seu foro contra a letra da constituição?!! [...] Eu não quero jamais advogar a continuação de tão bárbaro comércio, eu o detesto, e há muito; mas como legislador conheço que o mesmo deve ser oportunamente feito, e é isto o que fizeram essas duas célebres nações, que se apontam como exemplos, Inglaterra e América do Norte. [...] Concluindo voto que não se tome por agora deliberação alguma, e reprovo o parecer da comissão, porque aprova tão monstruoso tratado."*[73]

O monstruoso tratado, se submetido à Câmara, não seria aprovado. O Imperador D. Pedro I assinou, como vimos, com a faca no pescoço. A lei atroz de igualar traficantes a piratas, à qual o deputado se opunha, constituía-se uma antiga prática inglesa que remontava ao século XVII. Os piratas, que davam enormes prejuízos à Inglaterra, eram perseguidos, presos e enforcados. Esta se mostrava a única forma de tentar coibir o crime e que agora estava apenas sendo estendida aos traficantes.

Na sequência, falou o Deputado José Lino dos Santos Coutinho, médico em Salvador, tendo no Rio de Janeiro atuado como secretário de Estado dos Negócios do Império e deputado nas duas primeiras legislaturas.

Nesse debate, era essa a sua posição:

*"Eu não falaria sobre o parecer da comissão relativo à abolição do tráfico de escravos, se ontem não ouvisse nesta casa argumentos,*

*que tendiam de certo modo a defender o comércio da escravatura. [...] Sr. Presidente, que sejam pregadas aqui todos os dias; e não perderemos nosso tempo repetindo uma e muitas vezes que a escravidão é o maior de todos os males que oprimem a humanidade, e que a força pela qual se escraviza é um crime contra a natureza e contra a religião. Eu não sei, meus senhores, como se possa ser cristão conservando-se nos ferros da escravidão os nossos próprios semelhantes! [...] A escravidão, pois, estabelecida contra a natureza e contra Deus, é inimiga da indústria, da moralidade dos povos, de seu desenvolvimento industrial, e finalmente de sua liberdade civil [...] onde aparecem escravos, a indústria desfalece [...]. Nós todos sabemos quanto agradável seja o trabalhar pelas mãos dos outros. [...] todo o mundo denuncia que em qualquer parte onde exista a escravidão, esse cancro infernal, a indústria dos povos não cresce, nem vigora. Assim como a escravidão se opõe aos progressos da indústria, ela desmoraliza os homens e espanca as virtudes, porque o miserável escravo não conhece por norma de sua conduta senão a vontade do senhor [...]. A escravidão é incompatível com a liberdade civil dos cidadãos, porque em um povo que possui escravos, o despotismo e a tirania, começando pelas casas do senhor para com o escravo, se passam bem depressa para as autoridades e o governo. [...] procuraremos o melhor método de lavrar a terra e plantar, cuidaremos de aperfeiçoar nossas fábricas e nossos engenhos de açúcar, o que se não tem feito até hoje, porque os plantadores e fabriqueiros, achando armazéns de escravos, onde se fossem refazer de braços, não cuidavam de máquinas. Há engenhos de açúcar, Sr. presidente, que não podem atualmente trabalhar com menos de 400 escravos, quando com boas máquinas e inventos trabalhariam com cem. [...] Passando, portanto, à doutrina expendida, não posso, contudo, concordar com o parecer da comissão; porque o tratado é além da esfera do governo, quando tratou de coisas que deviam pertencer ao corpo legislativo. [...] o fazer tratados de comércio, defesa e subsídios, nunca se podia entender que o governo se intrometeria em medidas legislativas. Em um governo representativo ninguém senão o corpo legislativo pode fazer leis; e como é, pois que o governo se meteu a fazer tratado, onde aparecem medidas legislativas, bem como aquelas de estabelecer a pena de morte para os súditos brasileiros, que depois do prazo do tratado continuarem no tráfico da escravatura, quando essa pena (a admitir-se) devia ser fulminada pelo corpo legislativo na forma da constituição? Por conseguinte, Sr. presidente, posto que ache o tratado bom, enquanto vai acabar com a escravatura, e posto que desculpe os ingleses na prepotência que mostraram neste negócio peculiar nosso; contudo não o aprovo em sua doutrina particular."*[74]

Claro que havia, na forma como o tratado havia sido feito, um certo atropelo ao sistema representativo que acabava de ser instaurado, mas o deputado sabia que o motivo era nobre e sabia também que fora uma imposição da Inglaterra bem ao estilo *quem pode mais chora menos*.

Em seguida, falou o Deputado Bernardo Pereira de Vasconcelos, jornalista e jurista. Eleito deputado para a primeira legislatura, seria um dos idealizadores do primeiro Código Criminal do Império e seguiria carreira política como senador e ministro.

*"Demonstrar que o tráfico da escravatura é reprovado pela santa religião que professamos e ofensivo aos imprescritíveis e sagrados direitos da natureza, seria manifesta injúria às altas luzes e reconhecido liberalismo desta augusta câmara. Qual de nós deixa de fazer os mais ardentes votos para ver terminado esse flagelo que tem assolado a África, desonrado o mundo civilizado e afligido a humanidade, como reconheceu o congresso de Viena? [...] Os escravos objetos do tráfico (dizem) seriam mortos se os não comprássemos. Que grande humanidade! Degradar o homem de sua natural dignidade, reduzi-lo à condição de animal, dar-lhe uma morte mais lenta e mais dolorosa, pode em qualquer conjuntura considerar-se benefício? Este mesmo argumento não é exato, pois apesar de que ainda na costa*

d'África esteja consagrado o princípio de que, sendo lícita a morte do prisioneiro, é benefício a escravidão, contudo sabe-se que não fazem objeto deste tráfico só os prisioneiros de guerra. [...] o útil e o justo devem ser sempre inseparáveis [...] o homem livre produz mais que o escravo, segundo os cálculos dos economistas; os escravos, senhores, não têm o estímulo da recompensa, nem segurança em seu estado, e o temor do castigo não pode suprir estas faltas. [...] Muitos fatos históricos confirmam esta verdade. Não se pode duvidar que o comércio se sentirá desta abolição, pois que tem de dar nova aplicação aos capitais atualmente empregados neste tráfico; e nestes casos sempre há perda, qualquer que seja a nova aplicação. [...] O procedimento do gabinete inglês, longe de excitar queixumes, reclama agradecimentos da nossa parte. [...] Sejamos também gratos à nação inglesa, lembremo-nos que eles têm defendido a liberdade do gênero humano, e que as suas terminantes declarações à santa aliança se devem à tranquila emancipação da América. Bem se vê, que eu não posso reprovar a abolição do tráfico. [...] Senhores, as presas e os piratas são sempre julgados pelos tribunais das nações apresadoras. A pena de morte não está fora de proporção com o delito de traficar em carne e sangue humano. [...] a pena contra estes inumanos especuladores deve ser a mais severa que temos. [...] Homens que cometem tais crimes, que têm tanta facilidade em evadir-se às penas e tão forte incentivo em os perpetrar, não merecerão ser punidos com as mais severas dos códigos das nações? Eu entendo, pois, que sejam considerados como piratas, e como tais punidos os que depois de abolido o tráfico de escravatura o fizerem por qualquer modo."[75]*

Tal discurso confirmava o pensamento da imensa maioria do povo brasileiro — o útil e o justo devem andar juntos. O deputado era, sem dúvida, conhecedor do liberalismo, que afirmava que o homem livre produzia mais, pois o escravizado não tinha o estímulo da recompensa. Era também conhecedor do pensamento de Adam Smith, que dizia: *"Não é da benevolência do açougueiro, do cervejeiro e do padeiro que esperamos o nosso jantar, mas da consideração que ele tem pelos próprios interesses.*" A equivalência à pirataria mostrava-se, sem dúvida, a única solução possível.

Depois falou o Deputado José Ricardo da Costa Aguiar de Andrada, de Santos, magistrado que havia sido membro da Assembleia Constituinte, deputado nas duas primeiras legislaturas da Câmara e ministro, além de ser sobrinho de José Bonifácio.

> *"Sr. presidente, eu não tomarei o tempo a esta câmara, referindo agora quais os inconvenientes do comércio da escravatura, os males que ele tem feito e quanto é contrário aos direitos da humanidade, à razão, aos princípios do cristianismo e à dignidade do homem; seria querer perder o tempo o querer provar proposições de que já hoje ninguém duvida. [...] Far-me-ei somente cargo daquela parte da convenção relativa à terrível condição de serem considerados piratas os armadores que fizerem o contrabando dos escravos. [...] O mal porém está feito, não já é possível evitá-lo, mostremos ao menos às nações da Europa, ao mundo inteiro, que sem a interferência dos ingleses nós faríamos o que eles desejam; e que por maneira alguma havia mister da sua ingerência em tão interessante negócio. [...] O negócio, senhores, está feito; se a convenção, como parece, está ratificada, o que nos resta é cumpri-la, e prepararmos o comércio para que a sua execução nos não seja tão danosa, como poderá ser, se não tomarmos medidas para suprir esses desgraçados braços de que até agora nos servíamos."*[76]

Em seguida, foi a vez do Deputado Nicolau Pereira de Campos Vergueiro. Produtor de café, tornara-se pioneiro na implantação do trabalho livre no Brasil. Sua manifestação se deu no seguinte sentido:

> *"Conclui-se pois que o ministro violou a constituição ratificando o tratado sem necessidade, antes de fazê-lo conhecer à câmara e que é responsável por esta violação. [...] e nunca arrogar-se o poder legislativo como se arrogou neste tratado, enquanto qualifica de crime de pirataria o comércio de escravos, sendo incontestável que a qualificação de crimes é da exclusiva*

*competência do poder legislativo, que o ministro se arrogou, constituindo-se responsável e devendo ser além disso nula aquela qualificação. [...] Porém influindo este comércio tão direta e extraordinariamente em todos os ramos da riqueza nacional, convirá que acabe no termo estipulado sem se prevenir o suprimento do grande vazio que ele há de necessariamente deixar? É visto que não. Convinha-nos prevenir a falta de braços que havemos de necessariamente sentir promovendo a imigração de colonos europeus. O governo alguma coisa tem feito a este respeito; porém é pasmoso que tenha empregado tão avultadas somas para ganhar tão poucos colonos, quando outros governos da América têm adquirido muitos sem nenhuma despesa! Assim o ministro que conclui um tratado que vai produzir tão grande quebra na riqueza nacional sem empregar com a devida antecipação os meios que convinha para fazer menos sensível e menos ruinoso este grande golpe, é responsável por menoscabar os interesses da nação."*[77]

Vergueiro era, sem dúvida, uma das pessoas mais antenadas com o grande movimento de imigração europeia para a América, sobretudo para os Estados Unidos. O trabalho escravo constituía-se, certamente, um dos motivos por que os imigrantes evitavam o Brasil.

O Deputado Manuel José de Sousa França, advogado, membro da Assembleia Constituinte e deputado nas duas legislações seguintes, além de ministro da Justiça e ministro dos Negócios do Império, argumentou:

*"[...] os tratados em regra podem ser ratificados sem prévio reconhecimento da assembleia geral; mas pergunto eu, pode o governo em um tratado revogar alguma lei do nosso país? Esta é a questão; se nós consentimos que o governo faça tratados com as nações estrangeiras revogando as leis existentes, então nada de constituição. [...] Um tratado, senhores, é um contrato político de matéria lícita; se encontra as leis existentes deve preceder-lhe audiência do corpo legislativo, isto é claro, é manifesto. De maneira nenhuma pois convém que tomemos conhecimento deste*

*negócio. [...] Este tratado contém uma lei penal contra o cidadão brasileiro, nós estamos constituídos em sistema representativo, e por ele não pode dar-se lei nenhuma ao povo, sem a intervenção do poder legislativo. [...] Se quiserem extinguir o comércio da escravatura seja extinto muito embora; mas sem quebra dos foros brasileiros, que não permitem dar-lhes a lei senão aos seus representantes; o mais é querer tornar ao antigo estado."*[78]

A forma como o tratado havia sido elaborado e firmado entre a Inglaterra e o Brasil não tinha a menor importância. É óbvio que, para alguns deputados, tratava-se de mais um ponto ao qual se podia apegar com o intuito de acusar o Imperador D. Pedro I de absolutista, de desprezar as Câmaras e rotular a Inglaterra de intervencionista. Isso tudo era verdade, podia até ser um elemento de discussão, mas não quando o objeto ou o objetivo do tratado, ou a ação tanto do imperador como da Inglaterra, visava o fim do tráfico de escravos. Direito por direito, os escravizados estavam, antes de qualquer coisa, com seus direitos à liberdade violados. Preocupar-se com filigranas burocráticas, com ritos de tramitação de leis etc. retratava uma forma de desconversar a respeito do assunto mais importante, a saber, a violação que era, de todos os direitos individuais, a escravidão. A abolição do tráfico deveria ser, portanto, objeto de um rito sumário, pois quem estava na condição de escravizado não podia esperar a deputação dos nobres deputados.

Em relação à forma como o tratado havia sido conduzido, houvera, portanto, certa unanimidade quanto a como o governo e a Inglaterra tinham se comportado, desprezando ou ignorando a necessidade de deputação das Câmaras, e como o governo e a Inglaterra deveriam ter-se comportado, pedindo a anuência das Câmaras. Na sessão seguinte, a do dia 4 de julho de 1827, quando os deputados retomaram a discussão, ficou acordado que o ministro fosse convocado, pois *"o único meio de verificar essas hipóteses é ouvir o ministro nessa Câmara"*.[79]

Em relação à escravidão, no entanto, percebe-se que os deputados se dividiram. Os que tinham profissões liberais eram contra a escravidão; em contrapartida, os proprietários de fazendas e de escravizados, se não ficaram explicitamente a favor do tráfico que abastecia de escravos as fazendas, demonstravam nas entrelinhas dos seus discursos — embora advogassem pelo fim da escravidão no futuro — que, naquele momento, achavam prematuro tratar do tema. O problema era que, individualmente, quem estava escravizado não tinha como esperar que sua liberdade, sequestrada, fosse retomada num período futuro, ou devolvida paulatinamente. E coletivamente, ou seja, do ponto de vista da sociedade, a escravidão atrapalhava o desenvolvimento econômico do país, e com isso afetava a todos. A manutenção do privilégio de poucos prejudicava a todos de forma colossal.

A discussão, como se pode claramente ver, não era apenas sobre o fim do tráfico de escravos, mas sobre aquilo que os deputados chamavam de intervenção ou interferência da Inglaterra em assuntos nacionais. Outra questão era se o tratado tinha que ter sido objeto de análise na Câmara.

A verdade é que, com o reconhecimento da independência do Brasil, os tratados de 1810, 1815 e 1817 feitos entre Inglaterra e Portugal, que dificultavam a vida dos traficantes, estavam anulados. Eles, os traficantes, se animaram com certa liberdade para agir e por isso apoiaram a independência. Até que fossem elaborados novos acordos, novos tratados, os traficantes estavam livres para agir utilizando esse hiato entre o fim de um tratado e a adoção de outro nesse limbo jurídico então surgido, e por isso também apoiavam a independência. A Inglaterra, por sua vez, preocupada com a anulação dos tratados, colocaria ao Brasil como condição ao reconhecimento da independência — como vimos — justamente a assinatura de novos tratados.

Havia esse jogo de xadrez onde ora as peças avançavam ora recuavam.

Restava aguardar o xeque-mate.

## A LEI DE 1831: TODOS OS ESCRAVOS ESTARÃO LIVRES

O ano de 1828 foi de calmaria, mas em 1829, à medida que o ano se aproximava do fim, a Câmara começou a enviar recados ao imperador: não toleraria rompantes absolutistas.

Em 1826, em meio aos debates em torno do tratado com a Inglaterra, havia sido aprovada uma lei, no dia 11 de setembro, que versava sobre novas regras de aplicação de sentença de morte. A lei dizia:

*Art. 1º: A sentença proferida em qualquer parte do Império que impuser pena de morte não será executada sem que primeiramente suba à presença do Imperador, para poder perdoar, ou moderar, a pena, conforme o artigo 101, parágrafo oitavo da Constituição do Império.*

*Art. 2º: As exceções sobre o artigo precedente, em circunstâncias urgentes, são da privativa competência do Poder Moderador.*

*Art. 3º: Extintos os recursos perante os Juízes e intimada a sentença ao réu, para que no prazo de oito dias, querendo, apresente a sua petição de graça, o relator do processo remeterá à Secretaria de Estado competente as sentenças, por cópia, por eles escritas e a petição de graça, ou certidão de não ter sido apresentada pelo réu no prazo marcado; e pela mesma Secretaria de Estado será comunicada a imperial resolução.*

*Mandamos, portanto, a todas as autoridades a quem o conhecimento e execução da referida lei pertencer, que a cumpram, e façam cumprir, e guardar tão inteiramente, como nela se contém. O Secretário de Estado dos Negócios da Justiça a faça imprimir, publicar e correr.*

*Dada no Palácio do Rio de Janeiro, aos 11 dias do mês de setembro de 1826, quinto da Independência e do Império".*[80]

Esta lei não citava explicitamente, mas era uma clara investida do imperador contra abusos que se cometiam no uso da sentença de morte, sobretudo contra escravizados. Os juízos locais, dominados pelos escravocratas, utilizavam a pena de morte como uma forte ameaça no sentido de tentar coibir rebeliões ou fugas de escravizados.

## UM RETROCESSO DO IMPERADOR

A impossibilidade de se decretar a pena de morte localmente, onde os senhores de escravos exerciam o poder, havia irritado muito a pequena, porém poderosa, elite escravocrata. Era mais um canal de discórdia e de animosidade que se abria entre o imperador e seus antigos aliados. Em 11 de abril de 1829, a Câmara aprova um decreto anulando a lei de 1826. É uma declaração de guerra contra o imperador, que, àquela altura, já estava politicamente bem fragilizado e certamente pressionado por seus correligionários, e se viu, portanto, obrigado a assiná-lo, mesmo a contragosto. Começava assim um jogo contra a centralização do poder. Era um recado do que estaria por vir.

O decreto dizia:

*"Tendo sido muito repetidos os homicídios perpetrados por escravos em seus próprios senhores, talvez pela falta de pronta punição, como exigem delitos de uma natureza tão grave, e que podem até ameaçar a segurança pública; e não podendo jamais os réus compreendidos neles fazerem-se dignos da Minha Imperial Clemência: Hei por bem. Tendo ouvido o Meu Conselho de Estado, ordenar, na conformidade do artigo segundo da lei de onze de setembro de 1826, que todas as sentenças proferidas contra escravos, por morte feita a seus senhores, sejam logo executadas independente de subirem a Minha Imperial Presença. As autoridades, a quem o conhecimento deste pertencer, o tenham assim entendido e façam executar."*[81]

A relação do imperador com a Câmara se deteriorou muito em função do fato de que, em 1830, entraria em vigor o tratado assinado com os ingleses. O decreto de 1829, que havia sido retirado do Imperador D. Pedro I a fórceps, era um recado claro de que os escravocratas, ainda com aquela espinha de peixe entalada na garganta, não aceitariam facilmente suas determinações monocráticas e absolutistas, ainda mais que a maioria da Câmara, nos debates de 1827, havia declarado ilegal o modo como o tratado fora conduzido e ratificado.

## A FALA DO TRONO

Na fala do trono de 1830, o Imperador D. Pedro I avisou que o comércio de escravos se tornaria pirataria a partir daquele ano, e os comerciantes passariam a ser julgados como tais.

*"O tráfico de escravatura cessou, e o governo está decidido a empregar todas as medidas que a boa-fé e a humanidade reclamam para evitar sua continuação debaixo de qualquer forma ou pretexto que seja; portanto, julgo de indispensável necessidade indicar-vos que é conveniente facilitar a entrada de braços úteis. Leis que autorizem a distribuição de terras incultas e que afiancem a execução dos ajustes feitos com os colonos seriam de manifesta utilidade e de grande vantagem para a nossa indústria em geral."*[82]

O fim do prazo de transição e a implementação ou o início da validade do tratado de 1826 convulsionaram o Brasil. Mal sabia o imperador que aquele seria um ano decisivo na sua vida e na História do Brasil, e que, menos de um ano depois dessa fala, ele seria defenestrado do trono. Não há dúvida de que o fim do tráfico de escravos, que empurrava muitos dos aliados do imperador para a condição de piratas, ou seja, para a marginalidade, foi um peso decisivo no somatório de fatos contra o imperador e que culminou no fim do Primeiro Reinado.

O copo que vinha se enchendo desde 1826 transbordou em 1830. Era o preço que o imperador se dispusera a pagar pelo reconhecimento internacional da independência do Brasil. Mas, diante da imposição da Inglaterra, havia como o imperador ter tomado outro caminho senão aceitar? Diz o ditado: *obedece quem tem juízo;* ainda mais se quem está mandando é infinitamente mais poderoso e, além disso tudo, se está com a faca no pescoço...

Contudo, a elite dos traficantes, outrora tratada como palaciana, como áulica, como nobre, e agora como pirata, não queria nem saber, e a sensação que se fizera questão de propagar ao máximo, ao longo dos anos, para que se criasse um ambiente político desfavorável ao imperador, era a de que ele não se posicionava em defesa dos interesses nacionais. Esse postulado falso — diga-se de passagem, pois os beneficiários da escravidão sempre foram no

Brasil uma minoria —, mas que ia ao encontro dos interesses dos donos do poder, foi inflado, cultivado e capaz de fomentar, ao cabo, uma instabilidade política tamanha que redundou no clima completamente hostil que levaria à abdicação do trono em 7 de abril de 1831. Nos dez anos seguintes, governaria uma regência em nome de um imperador — D. Pedro II — que, naquele ano de 1831, tinha apenas seis anos de idade.

## O CÓDIGO PENAL

Em 1830, meses antes do clima que levaria à abdicação no dia 16 de dezembro, um código penal e criminal foi aprovado. Nele era clara a distinção entre cidadãos livres e escravizados na hora de aplicar as punições, ainda que os crimes fossem semelhantes.

A grande questão girou em torno da pena de morte, e nesse sentido "[...] *o Código Criminal do Império permitia que os juízes sentenciassem os cidadãos livres a uma dezena de penas diferentes, a depender do crime: morte na forca, galés (trabalhos públicos forçados, com os indivíduos acorrentados uns aos outros), prisão com ou sem trabalho, banimento (expulsão definitiva do Brasil), degredo (mudança para cidade determinada na sentença), desterro (expulsão da cidade onde se deu o crime), suspensão ou demissão de emprego público e pagamento de multa. A prisão podia ser perpétua ou temporária, assim como as galés, o degredo e o desterro. Dessa extensa lista de penas aplicáveis aos cidadãos livres, sobre os escravizados só recaíam as duas mais terríveis: morte e galés*".[83]

Na Câmara, os deputados se posicionaram a respeito do Código Criminal e dos tratamentos diversos que ele propunha. O debate nos revela como era encarada a questão da escravidão.

O Deputado Sebastião do Rêgo Barros sustentou o seguinte:

"[...] *a pena de morte não pode ser impopular entre nós observando-se que o Brasil não tem essas prisões seguras, como os países aonde esta pena foi abolida; assim como também esses países não têm a numerosa escravatura que o Brasil encerra em seu seio. A pena de morte deve com efeito ser abolida nos casos políticos, porém não nos casos de homicídio, e para conter a escravatura, pois que esta é a única pena que a pode conter. [...] É pois para o bem do meu país que eu voto a favor da pena de morte [...] desejo que se saiba que eu, deputado do Brazil em 1830, votei contra a pena de morte nos casos políticos, e a favor dela quando a severidade das leis deve exigir vingança do sangue derramado, ou para assegurar nossa existência contra os escravos".*[84]

Era uma luta pesada e extremamente desigual esta travada entre senhores e escravizados, na medida em que apenas uma das partes tinha ao seu lado os benefícios da lei.

O Deputado Francisco de Paula Sousa discursou a favor da forca:

"*Quem duvida que tendo o Brasil três milhões de gente livre, incluídos ambos os sexos e todas as idades, este número não chegue para arrostar dous milhões de escravos, todos ou quase todos capazes de pegarem em armas! Quem, senão o terror da morte, fará conter esta gente imoral nos seus limites?* [...] *Exclui-se do código a pena de morte e galés, resta a prisão simples. Ora, o escravo que vive vergado sob o peso dos trabalhos, terá porventura horror a encerrar-se em uma prisão, aonde poderá entregar-se à ociosidade e à embriaguez; paixões favoritas dos escravos? Ele julgará antes um prêmio que o incitará ao crime. Citarei um exemplo mui frisante. Em Filadélfia, no tempo de inverno, a gente desarranjada cometia pequenos crimes para serem recolhidos à casa de correção. Foi necessário tornar a prisão mais incômoda, acrescentando-lhe trabalhos pesados.* [...] *A pena das galés é ainda uma pena muito doce para esta qualidade de gente. [...] havendo entre nós muitos escravos, são precisas leis fortes, terríveis, para conter esta gente bárbara."*[85]

Essa hedionda visão era comum entre a pequena elite escravista. Nas entrelinhas de tais discursos, pode-se ver o quanto era recorrente — e não poderia ser de outra forma — a resistência ao fim da escravidão.

Contrário à pena capital, o Deputado Antônio Pereira Rebouças — pai do futuro abolicionista André Rebouças — discordou veementemente do colega: "[...] *Nada me impedirá jamais a que eu satisfaça a meus deveres; é do meu mais sagrado dever opor quanto em mim couber contra a malvada pena de morte.*"[86]

A reação do escravizado era apenas proporcional à violência cotidiana a que estava sujeito, e que a pena de morte não coibiria; afinal, quem está em situação de escravidão, alijado de sua liberdade, segundo disse Antônio Rebouças, *"não tem medo da morte"*.

ANTÔNIO PEREIRA REBOUÇAS E O FILHO, ANDRÉ REBOUÇAS

Como se pode ver, para cada pequeno passo dado à frente em direção ao fim da escravidão no Brasil, dez passos eram dados para trás. À medida que a importação de escravos era proibida, a escravidão interna tornava-se alvo de leis mais rigorosas contra os escravizados. Ou seja, a escassez de escravizados projetada com a proibição do tráfico fazia com que os escravocratas buscassem coagir e submeter ainda mais os escravizados às rígidas leis no sentido de coibir, por exemplo, fugas, rebeliões e crimes cometidos em nome da liberdade.

## A LEI DE 1831

No dia 21 de maio de 1831, por ocasião da entrada em vigor do tratado com a Inglaterra, o ministro da Justiça do novo governo da chamada Regência Trina Provisória instruiu o Conselho Municipal do Rio de Janeiro e os Conselhos Municipais e presidentes de províncias a *"fazer tudo que pudessem para evitar a importação de escravos, que agora tinha se tornado ilegal"*. Mas era uma determinação meramente protocolar. Eis a verdade: os escravocratas haviam conseguido impor suas vontades — primeiro imputando a pena de morte para os escravizados e segundo tirando o imperador do poder — e, nessa instabilidade política, voltaram a prevalecer os anseios dos donos do poder locais, e a lei que acabara de entrar em vigor se tornou mais uma letra morta, ou pior, entrou para o rol das regras, das determinações criadas para jamais serem cumpridas — como, aliás, ainda se encontra cheio o Brasil —, mais uma daquelas *só para inglês ver*.

Em 31 de maio de 1831, Felisberto Caldeira Brant, uma das almas iluminadas do Primeiro Reinado, introduziu no Senado brasileiro um projeto de lei contra o comércio de escravos que, conduzido nas Câmaras por Diogo Antônio Feijó, deputado e ministro da Justiça, foi prontamente aprovado e tornou-se lei em 7 de novembro de 1831.

A lei dizia:

*"A Regência, em Nome do Imperador o Senhor D. Pedro II, Faz saber a todos os Súditos do Império, que a Assembleia Geral Decretou, e Ela Sancionou a Lei seguinte:*

*Art. 1º : Todos os escravos, que entrarem no território ou portos do Brasil, vindos de fora, ficam livres.*

*Art. 2º: Os importadores de escravos no Brasil incorrerão na pena corporal do artigo cento e setenta e nove do Código Criminal, imposta aos que reduzem à escravidão pessoas livres, e na multa de duzentos mil réis por cabeça de cada um dos escravos importados, além de pagarem as despesas da reexportação para qualquer parte da África; reexportação, que o Governo fará efetiva com a maior possível brevidade, contrastado com as autoridades africanas para lhes darem um asilo. Os infratores responderão cada um por si, e por todos.*

*[...]*

*Art. 5º: Todo aquele, que der notícia, fornecer os meios de se apreender qualquer número de pessoas importadas como escravos, ou sem ter precedido denúncia ou mandado judicial, fizer qualquer apreensão desta natureza, ou que perante o Juiz de Paz, ou qualquer autoridade local, der notícia do desembarque de pessoas livres, como escravos, por tal maneira que sejam apreendidos, receberá da Fazenda Pública a quantia de trinta mil réis por pessoa apreendida."*[87]

Esta lei proposta por Brant, mas que ficou conhecida como Lei Feijó, é importante porque, a partir dela, todo escravo que entrasse no Brasil depois de 1830 seria considerado ilegal, pois o considerava livre. Na época em que foi aprovada na Câmara, os traficantes não deram muita atenção a ela; afinal, parecia até redundante para eles, uma vez que o tratado de 1826, que entrara em vigor em 1831, já determinava a extinção do tráfico, e se não haveria mais tráfico não entrariam mais escravos. Porém, o tráfico e o desembarque de escravos continuaram ignorando no Brasil — como era de se esperar — o tratado de 1826.

Para os traficantes, a Lei Brant, agora aprovada, não significava nada, pois o trabalho deles ou o comércio que praticavam já estava na ilegalidade. A preocupação era procurar os atalhos no mar para fugir da vigilância inglesa e arrumar meios de desembarcar os escravos no litoral brasileiro, coisa que eles faziam sem dificuldades por meio de suborno de agentes públicos; depois que os escravos eram desembarcados, os traficantes lavavam as mãos. A Lei Brant criava mesmo um problema — que, na época, foi mal dimensionado — para os compradores de escravos no Brasil, pois todo escravo que havia entrado e sido comercializado depois da Lei Brant-Feijó era uma propriedade ilegal, e com o tempo a elite escravocrata começaria a ser cobrada e responsabilizada.

Desse modo, nos anos 1870 e 1880 não havia nenhum ou muito poucos escravizados que tinham entrado no Brasil antes de 1831 e, portanto, praticamente toda a escravidão que existia no país, naquelas décadas, era formada por escravizados entrados de forma ilegal. Esse era um forte argumento que os abolicionistas usariam na tentativa de confrontar e combater a escravidão, e buscar amparo jurídico para a libertação dos escravizados, seja de modo individual ou de forma coletiva.

Um dos militantes mais conhecidos dessa causa, e o que mais libertou escravizados a partir desse argumento em seus processos de libertação, foi o advogado abolicionista Luiz Gama.

## O ATO ADICIONAL À CONSTITUIÇÃO DE 1834: A RESISTÊNCIA DOS TRAFICANTES

Dois decretos, de 1832 e 1834, tentaram dar algum alcance ao cumprimento do tratado que entrara em vigor em 1831 extinguindo o tráfico de escravos. Em 1832, a Regência, em nome do Imperador o Senhor D. Pedro II, em virtude do art. 102 da Constituição, decretava:

*Art. 1º: Nenhum barco deixará de ser visitado pela polícia, logo na sua entrada e imediatamente à saída.*

*Art. 2º: Nos portos, onde não houver visita de polícia, irá um Juiz de Paz, ou seu delegado acompanhado do escrivão, proceder a visita.*

*Art. 3º: Nesta visita informar-se-á à vista dos documentos, que devem ser exigidos, de que porto vem o barco; do motivo que ali o conduziu; que carga e destino traz; quem seja o dono ou o mestre dele; os dias de viagem. Examinar igualmente a capacidade do mesmo barco, a sua aguada, e qualquer outra circunstância por onde se possa conjecturar haver conduzido pretos africanos. De tudo se fará menção no auto*

*de visita que assinar o juiz, ou delegado, o escrivão e mais duas teste-*
*munhas, havendo-as.*

[...]

*Art. 6º: O intendente-geral da polícia, ou o Juiz de Paz*
*que proceder visita, encontrando indícios de ter o barco conduzido*
*pretos, procederá as indagações que julgar necessárias para certifi-*
*car-se do fato e procederá na forma da lei citada.*

[...]

**Art. 11º: As autoridades encarregadas da execução do presente**
**decreto darão parte aos governos das províncias de tudo quanto acon-**
**tecer a este respeito; e estes o participarão ao Governo Geral.**[88]

Em 1834, outro projeto versava sobre o tema e determinava o
seguinte:

*Art. 1º: Toda embarcação de qualquer nação que for encontrada*
*nas baías, enseadas e costas do Império, desembarcando, diligenciando*
*desembarcar ou conduzindo escravos africanos, será aprendida e*
*conduzida ao porto do Rio de Janeiro, Bahia, Pernambuco ou Maranhão,*
*que for mais vizinho do lugar da apreensão.*

*Art. 2º: Igual procedimento se terá com toda embarcação encon-*
*trada nos portos, baías, enseadas e costas do Império, que não tendo*
*escravos, conservar com tudo demonstrações claras de os haver condu-*
*zido, ou seja, ferros e correntes para segurança, selhas em quantidade*
*e caldeirões proporcionados para comida, vasilhame, que prove abun-*
*dância de água para transporte, sinais evidentes em geral que excluam*
*a possibilidade de outra especulação que não seja a de resgate e condução*
*de escravos africanos, como bailéus e outras acomodações.*

*Art. 3º: Lavrados os termos perante o Juiz de Direito Criminal de*
*qualquer das sobreditas cidades onde a embarcação for conduzida,*
*procederá este na formação da culpa aos importadores.*

*Art. 4º: A embarcação condenada será posta em hasta pública e arrematada; o seu produto servirá para as despesas da reexportação dos escravos, no caso de serem encontrados, e o remanescente recolhido aos cofres da Fazenda Pública.*

Embora essas importantes leis em apoio à lei de 1831 tivessem sido aprovadas no sentido de apertar o cerco aos traficantes que insistiam em importar e desembarcar escravos, elas — as leis — nunca alcançaram ouvidos para além dos confortáveis gabinetes dos deputados. Na realidade, o que se via por todo lado era o afrouxamento da vigilância e as malandragens que surgiam dentro de uma lógica conhecidíssima no Brasil: criar dificuldades para vender facilidades. Foi o que se viu ao longo de todo o litoral brasileiro: as autoridades faziam vista grossa para os numerosos desembarques e protegiam, desse modo, os traficantes que compravam o silêncio e a cumplicidade dos agentes públicos, o que tornava, na prática, nulas a lei e a fiscalização.

Com D. Pedro I em Portugal — praticamente banido do Brasil — o governo do país estava entregue a uma criança de seis anos e a uma regência. Uma regência que, embora tenha feito passar a lei que decretava livre todo escravo que entrasse no Brasil, entre outras leis relativas à escravidão, não foi capaz de resistir à tomada de poder nas Câmaras por parte da elite escravocrata, que encontrou condições para fazer avançar suas ideias ao mesmo tempo que obstruía outras. Sobretudo depois da eleição de 1833, que formou a terceira legislatura da Câmara dos Deputados que vigoraria de 1834 a 1837, elegeram-se, em sua maioria, deputados que defendiam os interesses fundiários e escravistas.

Desse modo, depois de passar por um curto período no purgatório, a pequena elite escravista chegou ao paraíso.

# DEPOIS DO PURGATÓRIO, O PARAÍSO

Na década de 1830, coincidem no Brasil dois fenômenos antagônicos: a proibição e o cerco à importação de escravos, de um lado, e o aumento astronômico da demanda por escravos, de outro. Essa foi a principal batalha travada na década de 1830. O avanço da produção de café promovia, de forma direta, a demanda pela importação de escravos e, de forma indireta, o boicote às leis contrárias e proibitivas ao tráfico. Todas as sanções que entraram em vigor na década de 1830 não foram suficientes para gerar a prudência ou, antes, o medo que se esperava. O dinheiro pago pelos traficantes às autoridades locais compensava o risco em transigir as leis.

Em 1834, um Ato Adicional à Constituição, votado na Câmara, ia ao encontro dessas demandas, pois o principal núcleo da reforma era justamente a descentralização do poder. Uma das principais críticas ao Imperador D. Pedro I ao longo de todo o seu reinado, por parte das elites locais, era justamente o arranjo político-institucional extremamente centralizado. Essa centralização político-administrativa era um imenso obstáculo à autonomia das províncias. O enfrentamento entre províncias e o governo central chegou ao seu auge nos episódios que levaram à abdicação do imperador, com a exigência de que a relação deveria ser redimensionada.

A concentração de decisões no Rio de Janeiro, ou seja, no centro do poder — como a proibição ou as restrições ao tráfico de escravos —, não só não atendia as demandas regionais, como até mesmo feria de morte algumas práticas regionais. Era nas pequenas e distantes províncias que os desembarques ocorriam, e era em torno do tráfico que muitas fortunas se fizeram e se faziam nessas localidades situadas à sombra do poder.

Um projeto apresentado pelo Deputado Bernardo Pereira de Vasconcelos, que ficaria conhecido como Ato Institucional, propunha emendas à Constituição no sentido de criar assembleias legislativas provinciais, entre outras mudanças que visavam criar concessões que ampliavam a autonomia político-administrativa das províncias.

Em linhas gerais, as províncias ganhavam, de acordo com os artigos 10 e 11, as seguintes autonomias:

*Art. 10º: Compete às mesmas Assembleias legislar:*

*1º) Sobre a divisão civil, judiciária e eclesiástica da respectiva Província, e mesmo sobre a mudança da sua Capital para o lugar que mais convier.*

*2º) Sobre instrução pública e estabelecimentos próprios a promovê-la.*

*3º) Sobre os casos e a forma por que pode ter lugar a desapropriação por utilidade municipal ou provincial.*

*4º) Sobre a polícia e economia municipal, precedendo propostas das câmaras.*

*5º) Sobre a fixação das despesas municipais e provinciais, e os impostos para elas necessários, contanto que estes não prejudiquem as imposições gerais do Estado.*

*[...]*

*7º) Sobre a criação e supressão dos empregos municipais e provinciais, e estabelecimento dos seus ordenados.*

*8º) Sobre obras públicas, estradas e navegação no interior da respectiva Província, que não pertençam à administração geral do Estado.*

*9º) Sobre construção de casas de prisão, trabalho e correção, e regime delas.*

*10º) Sobre Casas de Socorros públicas, Conventos, e quaisquer Associações políticas, ou religiosas.*

*11º) Sobre os casos e a forma por que poderão os Presidentes das Províncias nomear, suspender e ainda mesmo demitir os empregados provinciais.*

*Art. 11º: Também compete às Assembleias Legislativas Provinciais:*

*1º) Organizar os Regimentos internos.*

*2º) Fixar, sobre informação do Presidente da Província, a força policial respectiva.*

*[...]*

*7º) Decretar a suspensão, e ainda mesmo a demissão do magistrado, contra quem houver queixa de responsabilidade, sendo ele ouvido, e dando-se lhe lugar à defesa.*

Como se pode ver, além de não serem poucas as mudanças, elas eram bastante generosas no que tangia à concessão de poderes locais. Tal poder, obviamente, ficaria a cargo da elite econômica local, que formaria o grosso do funcionalismo público, que ia desde o padre até o magistrado, formando assim um estamento que, segundo Weber, *é uma teia de relacionamentos que constitui um determinado poder.*[89]

Nesse cenário, qualquer denúncia ou crime cometido pelos pares não tomava outro rumo que não o do engavetamento. Nessas províncias, quem mandava eram os coronéis; as leis que vinham do Rio de Janeiro simplesmente eram ignoradas na mesma proporção em que prejudicavam ou atentavam contra os interesses locais. A possibilidade de livrar-se das garras do governo central e poder legislar localmente abria, desse modo, uma perspectiva bastante auspiciosa para as províncias.

Essa lei de 1834, que proporcionou aos governos locais liberdade, jurisdição e poder, ocorreu — coincidentemente ou não — num momento em que a demanda por escravos aquecia o comércio como nunca antes na História do Brasil. Dadas as proibições da lei, a descentralização do poder resultou para as províncias na conivência com o tráfico de escravos, impedindo e dificultando a fiscalização, por exemplo, e praticamente eliminando qualquer punição à contravenção da lei.

Nesse ambiente extremamente favorável, o tráfico retomou fôlego e viveu na década seguinte o seu melhor momento. A demanda por mão de obra escrava aumentava na mesma proporção que as exportações; *"durante os anos de 1822 e 1827 uma média de 60 navios tinham desembarcado aproximadamente 25 mil escravos por ano na província do Rio de Janeiro. Em 1828, mais de 110 navios desembarcaram cerca de 45 mil escravos, mesmos números para 1829. Em 1830, 75 navios desembarcaram 30 mil escravos".*[90] Em 1837, foram desembarcados 46 mil escravos no Rio de Janeiro.

Tais números coincidem com estes outros: em 1817, foram exportadas 318.032 arrobas de café; em 1820, 539.000; em 1826, 1.304.450; em 1830, 1.958.925; em 1835, 3.237.190; e, em 1840, 4.982.221. O café passou a representar, nada mais, nada menos, 40% de toda a exportação brasileira, e isso explica as idiossincrasias entre traficantes, fazendeiros e governo. Era o início de um novo e importante ciclo na história econômica brasileira, que se estenderia por quase um século —até 1929, pelo menos. Face a essa demanda astronômica, qualquer obstáculo que fosse colocado diante da elite escravista seria sumariamente eliminado.

Em 1834, por exemplo, o Conselho Municipal de Bananal, em São Paulo, enviou uma resolução ao Legislativo do Rio de Janeiro reivindicando dos deputados a revogação da Lei Brant-Feijó de 1831. Ao longo de toda essa terceira legislatura foram várias as petições apresentadas com esse mesmo teor, aproveitando-se do momento favorável. Argumentava-se que *"os milhares de negros que tinham sido e ainda estavam sendo importados para o Brasil chegaram para eles — os fazendeiros — legalmente livres. Isso criava uma situação potencialmente perigosa, e era por isso que os fazendeiros e seus representantes na capital exigiam não apenas a revogação da lei, mas também uma anistia geral para aqueles que já a tinham infringido".*[91]

A ficha parecia ter caído.

## O HAITI É AQUI

A década de 1830 viu florescer também a resistência das senzalas contra uma rotina de estupros, torturas, mutilações, mortes, pilhagens e exploração do trabalho. Em 1831, no condado de Southampton, Virgínia, o escravizado Nat Turner comandou uma rebelião; em 1833, explodiu em Minas Gerais a Revolta das Carrancas e, em 1835, em Salvador, a Revolta dos Malês. Essas notícias auspiciosas abalaram o sono tranquilo da pequena elite escravocrata e trouxeram de volta um pesadelo que se chamava Revolta ou Revolução do Haiti (1791).

Em função desses acontecimentos, os escravistas reagiram e, em 10 de junho de 1835, foi aprovada uma lei que determinava pena de morte para todo e qualquer escravizado que atentasse contra os senhores. Dizia a lei:

*Art. 1º: Serão punidos com a pena de morte os escravos ou escravas que matarem, por qualquer maneira que seja, propinarem veneno, ferirem gravemente ou fizerem outra qualquer grave ofensa física a seu senhor, a sua mulher, a descendentes ou ascendentes, que em sua companhia morarem, a administrador, feitor e às suas mulheres, que com eles viverem. Se o ferimento, ou ofensa física forem leves, a pena será de açoutes à proporção das circunstâncias mais ou menos agravantes.*

*Art. 2º: Acontecendo algum dos delitos mencionados no art. 1º, o de insurreição, e qualquer outro cometido por pessoas escravas, em que caiba a pena de morte, haverá reunião extraordinária do Júri do Termo (caso não esteja em exercício) convocada pelo Juiz de Direito, a quem tais acontecimentos serão imediatamente comunicados.*

*Art. 3º: Os Juízes de Paz terão jurisdição cumulativa em todo o Município para processarem tais delitos até a pronúncia com as diligências legais posteriores, e prisão dos delinquentes, e concluído que seja o processo, o enviarão ao Juiz de Direito para este apresentá-lo no Júri, logo que esteja reunido e seguir-se os mais termos.*

*Art. 4º: Em tais delitos a imposição da pena de morte será vencida por dous terços do número de votos; e para as outras pela maioria; e a sentença, se for condenatória, se executará sem recurso algum.*[92]

Assim ficaram revogadas todas as leis, decretos e mais disposições em contrário, em nome da covardia e do medo.

## MAS... E OS INGLESES? NÃO FAZIAM NADA?

Ao longo de toda a década de 1830, os agentes ingleses no Rio de Janeiro enviaram diversos alertas em suas correspondências diplomáticas para a Inglaterra, informando ao Foreign Office que o *"comércio de escravos tinha começado a crescer a um ritmo alarmante [...] talvez em nenhum período ele tenha sido praticado de maneira mais ativa e ousada"*.[93]

A verdade era que, quase uma década depois de a proibição entrar em vigor, o tráfico não só não havia acabado ou arrefecido, como tinha, pelo contrário, tomado vigor, capilaridade e contava agora com a complacência, ou talvez mesmo com a cumplicidade, dos agentes públicos provincianos, que decidiram lucrar alto com a vista grossa. Tudo para o horror dos ingleses.

Durante os anos 1839 e 1840, a marinha britânica avançou no combate ao tráfico. As capturas de navios na costa ocidental da África ganharam um viés sistemático e intensificaram-se de forma que jamais havia ocorrido. No segundo semestre de 1839, 11 navios brasileiros foram capturados. Nos anos 1840 e 1841, foram mais 16. Em poucos anos, o número de navios envolvidos no tráfico de escravos para o Brasil, capturados pelo almirantado, somava 150 — não era pouca coisa. Todos foram levados à cidade de Freetown — hoje capital de Serra Leoa —, sede do juizado responsável pelo julgamento dos crimes de pirataria, para serem julgados.

Em 1841, assumiu o Foreign Office, ou seja, a Secretaria dos Assuntos Externos da Inglaterra, o Lorde George Hamilton-Gordon, Conde de Aberdeen. Ele era primo do poeta Lorde Byron, mas não seria por esse motivo que ficaria conhecido e seria odiado no Brasil, mas sim por uma lei que levava o nome do seu título de nobreza: a *Bill Aberdeen*.

Depois de Aberdeen ter assumido o controle e antes de sua lei, que seria decretada apenas em 1845, o cerco aos navios que praticavam o tráfico avançou e não se restringiu mais apenas à costa ocidental da África. Em pouco tempo, as diligências inglesas avançaram rumo ao Oeste e logo alcançaram as proximidades da costa brasileira.

Desse modo, navios britânicos devidamente autorizados por Aberdeen começaram a abordar navios brasileiros que deixavam os portos do Brasil rumo à África. Segundo dados do Foreign Office, foram abordados e revistados *"cinquenta e quatro navios durante uma visita de dez dias que fez a Bahia e Pernambuco no começo de 1842. Algumas dessas buscas tiveram lugar em águas territoriais brasileiras e no próprio porto do Rio"*.[94]

Muitas dessas abordagens foram truculentas, e não raro acabaram em conflitos. Relatos falam em *"tiros, embarcações abordadas à força, mestres e tripulação, alega-se, foram insultados e tratados como prisioneiros, foram arrombadas escotilhas e a carga trazida ao convés e violaram-se os selos de despachos oficiais"*.[95]

Um incidente que ficou famoso foi o que envolveu o *H.M.S. Clió*, um dos maiores navios de guerra ingleses do século XIX. Em 12 de maio de 1841,

*"[...] o comandante enviou um barco com uma tripulação de doze homens sob o comando do tenente Cox para patrulhar umas ilhas perto da cidade de Campos, bem conhecidas como um ponto de preferência para o desembarque de escravos. O tenente Cox tinha instruções para não ofender os habitantes da ilha nem envolver-se em disputa com eles. Aos primeiros sinais de oposição deveria retirar-se. No seu primeiro dia de patrulha, sua tripulação abordou e capturou*

*um brigue com trezentos escravos a bordo, mas seis ou sete embarcações pequenas partiram de uma das ilhas e atacaram o barco britânico e feriram quatro marinheiros. Quando uma semana mais tarde a embarcação britânica atracou em Campos para suprir-se de água e provisões, o tenente Cox e sua tripulação foram detidos pelas autoridades locais, acusados de pirataria, expostos publicamente aos insultos de uma multidão violenta, que exigia as suas vidas, e finalmente postos a ferro".*[96]

Embora o governo brasileiro tenha determinado a libertação imediata dos marinheiros britânicos, que permaneceram uma semana presos, não conseguiu impedir que a notícia chegasse a Londres. O ministro britânico *"exigiu a punição daqueles que tinham atacado o barco britânico e das autoridades locais em Campos que tinham cometido o alegado ultraje a um oficial e súditos britânicos".*[97]

A temperatura subia perigosamente.

Nesse ínterim, em 23 de julho de 1840, D. Pedro II tornava-se imperador do Brasil e tinha um problemão para resolver: nada mais, nada menos, que a nação mais poderosa do mundo no quintal de sua casa.

Tudo isso aos 15 anos de idade.

# 1840

## O BRASIL TENTOU VOAR, PORÉM
## LORDE ABERDEEN LHE CORTOU AS ASAS

Incidentes como esses em portos e águas brasileiras passaram a ser cada vez mais frequentes. Nessa época havia ainda outra questão importante: o fim — passados quinze anos — do tratado assinado em 1826, que entrara em vigor em 1831 e expiraria em 1845. Para a Inglaterra, dada a situação em que o tráfico de escravos se encontrava — praticamente intocado —, parecia claro que o governo brasileiro deixaria simplesmente de cumprir as obrigações assumidas no tratado de 1826, em vez de prorrogá-lo ou substituí-lo por outro equivalente. O mais grave, e a Inglaterra logo percebeu, era que o Brasil tratava a lei como um estorvo aos seus negócios e celebrava, portanto, o seu fim.

No final de 1843, o Ministro Hamilton-Hamilton envia para o Brasil uma manifestação de seu governo a respeito dos ataques brasileiros aos ingleses e aproveita para cobrar a escancarada intensificação do tráfico de escravos no litoral brasileiro.

*"Esta nota tem por fim declarar ao Governo Imperial que S. M. Britânica não pretende que as obrigações contraídas pela convenção de 1826 fiquem sem cumprimento, por falta de cooperação, tantas vezes, e debalde reclamada pelo Governo Britânico, e que, se o do Brasil se recusar a entrar, com a Grã-Bretanha, em ajustes formais, a fim de serem levados a efeito os desejos manifestados pelas partes, naquela Convenção, para total e final abolição do comércio de escravos, S. M. só por si e com seus próprios recursos tomará as medidas que julgar convenientes adotar, para conseguir completamente o fim da obrigação imposta a S. M. pelo art. 1 da sobredita convenção entre a Grã-Bretanha e o Brasil."*[98]

A manifestação ameaçadora é, então, respondida por Paulino José Soares de Souza, que já fora deputado, senador e, naquele momento, exercia o cargo de ministro dos Negócios Estrangeiros. Tal resposta é enviada à Inglaterra em 1º de janeiro de 1844. Nela, o ministro tem coragem de cobrar os ingleses por *"violações de itens do acordo anglo-brasileiro de 1826"*, pela abordagem de navios brasileiros, como se o Brasil não estivesse sistematicamente violando o tratado. Diz ele, reclamando das invasões inglesas:

*"Essas desagradáveis ocorrências, que ninguém deplora mais do que o Governo Imperial, tiveram lugar por ocasião de violações dos tratados subsistentes entre o Império e a Grã-Bretanha. Diz, pois, o art. 2 das instruções de 28 de julho de 1817, que formam parte integrante da Convenção da mesma data, o seguinte: Não poderá ser visitado, ou detido, debaixo de qualquer pretexto ou motivo que seja, navio algum mercante ou empregado no comércio de negros, enquanto estiver dentro de um porto, ou enseada pertencente a uma das duas altas partes contratantes, ou ao alcance de tiro de peça das baterias de terra; mas, dado o caso de que fossem encontrados nesta situação navios suspeitos, poderão fazer-se as representações convenientes as autoridades do país,*

*pedindo-lhes que tomem medidas eficazes para obstar a semelhantes abusos. Este artigo é a garantia indispensável da independência do território do Império. Sem ele esta não existiria, e, todas as vezes que for violado, aquela independência será violada também. A intenção clara e evidente desse artigo é certamente que a polícia e repressão do tráfico no interior, nas costas e mares territoriais do Brasil sejam feitas pelas suas autoridades. A ação dos cruzeiros britânicos cessa no lugar onde alcança o tiro de peça das baterias de terra."*[99]

Sobre a continuidade do tráfico, ele tenta justificar o injustificável:

*"No meio das dificuldades que necessariamente devia encontrar a extinção do tráfico em um país cuja população foi acostumada por séculos a não possuir quase outra riqueza, senão aquela que era tirada da terra por braços escravos, lamenta ele que o imprudente e violento procedimento dos cruzeiros britânicos acumule novos embaraços, acareando simpatias aos traficantes pelo sentimento do amor próprio nacional ofendido. Se essa solene declaração, tão cheia de justiça e tão própria de uma nação ilustrada e poderosa não servir para o Brasil, e se as ameaças do sr. Hamilton se realizarem, o Governo Imperial somente cederá à força maior, e protestará sempre, perante o mundo, contra a violação dos seus direitos e violências que se lhe fizerem. O abaixo assinado não desconhece que o tráfico tem continuado com mais ou menos força, segundo as maiores ou menores alternativas de lucro que oferece em diversas épocas; mas por certo que não tem chegado ao ponto, figurado pelo sr. Hamilton, de conduzirem-se pelas ruas desta capital em dia claro, à vista de todos, negros boçais, e de haverem depósitos onde sejam expostos à venda pública."*[100]

Mentia o ministro, pois havia, sim, depósitos de escravos e mercados de vendas de escravos espalhados pelas cidades; bastava dar uma olhada nos classificados dos jornais ou andar pelas ruas para ver

— e os agentes ingleses faziam isso — que o comércio de escravos não só continuava como ganhara incremento. No cais do Valongo, por exemplo, na praça XV, no Rio de Janeiro, ou seja, debaixo das barbas do imperador, até a década de 1870 desembarcavam-se escravos.

A verdade é que o Brasil reclamar da Inglaterra por violação do tratado — ou seja, por estar fazendo o dever de casa que ele próprio não fazia, ou fazia mal e porcamente — mostrava-se o ato mais descarado, mais revestido de cinismo e mais risível que se podia imaginar naquele momento, e os ingleses sabiam disso. A inversão dos valores era digna de pena, não convencia ninguém, e o Brasil continuava como um pária internacional.

O que vemos na manifestação do ministro não passava de um recurso retórico, coisa que — os ingleses também já haviam percebido — os brasileiros sabiam, e sabem, fazer muito bem. Na prática, o tráfico corria solto à luz do dia e debaixo da barba dos agentes públicos que deveriam combatê-lo. Os números de desembarques de escravos falavam por si. Embora as invasões inglesas fossem usadas para despertar algum ufanismo aqui e ali, a verdade era que os ingleses tinham razão: o império brasileiro, na sua falta de atitude, no seu descaso, no seu corpo mole em agir contra o tráfico, confirmava, no mínimo, ser conivente e precisava ser cobrado e responsabilizado.

A Inglaterra já dava sinais de que sabia que o Brasil abandonaria o tratado de 1826, o qual englobava o de 1817. Pelo tom da nota, a Inglaterra percebera que o Brasil não estava disposto a cooperar para o fim do tráfico de escravos e, pasmem, saía agora em defesa quase explícita dos traficantes. Num despacho de 18 de outubro de 1844, Lorde Aberdeen previu que as relações da Grã-Bretanha com o Brasil *"se tornariam em breve desagradáveis e complicadas"*.[101]

E quanto mais o governo brasileiro, de um lado, cobrava a Inglaterra por desrespeitar o tratado de 1817, mais a Grã--Bretanha invocava o seu direito de tratar o comércio brasileiro de escravos como pirataria.

A verdade é que o governo brasileiro realmente aproveitara esses incidentes para tentar negociar ou, antes, se livrar do tratado — que de fato venceria em 1845 e era considerado draconiano. A investida inglesa sobre as águas e até os portos brasileiros caía como uma luva para os partidários de uma ruptura radical com a Inglaterra e servia de pretexto para que a elite escravocrata e os seus pares na imprensa e na sociedade começassem uma campanha apelando para o sentimento nacionalista. O objetivo era transformar uma demanda pessoal ou de grupo numa demanda nacional. Retomaram, então, as circunstâncias da assinatura do tratado de 1826 e passaram a falar para os quatro cantos que o Imperador D. Pedro I — aquele mesmo que eles tinham expulsado do trono — havia sofrido extrema pressão para assinar o tal tratado, e que o povo não deveria, portanto, aceitar esse ataque frontal à soberania e aos interesses nacionais. Onde se lê povo e interesses nacionais deve-se ler, em verdade, interesses da diminuta elite escravocrata que colocava o aparato do Estado para falar e legislar em seu nome. O povo — em sua maioria — não compactuava com o trabalho escravo e sabia que a escravidão era uma das principais responsáveis por sua própria pobreza.

O governo britânico, num *ultimatum,* queria saber do Brasil quais *"eram suas intenções para o caso de se deixar expirar o tratado de 1817."*[102]

Uma decisão certamente difícil de ser tomada.


## NÃO HÁ MAL QUE DURE PARA SEMPRE

Era esse, justamente, o pensamento do governo brasileiro sobre o tratado, ou ao menos da maioria dos parlamentares que representavam os traficantes e escravocratas.

Desse modo, foi instaurada, no dia 4 de março 1845, uma comissão no Ministério dos Negócios Estrangeiros para examinar detidamente a situação do tratado com a Inglaterra. Participaram dessa comissão José da Costa Carvalho, Bernardo Pereira de Vasconcelos e Honório Hermeto Carneiro Leão; o problema era que todos tinham fortes vínculos com os proprietários de escravizados e eram, portanto, completamente hostis à Inglaterra.

Por esse motivo, nunca, na História do Brasil, uma matéria foi analisada e tratada de forma tão célere.

O resultado foi aquele que se esperava, ou seja, partindo da premissa de que não há mal que dure para sempre, os conselheiros do Estado aprovaram, no dia 10 de março de 1845, um relatório atestando que o tratado havia realmente expirado e que o Brasil estava livre de seguir suas determinações, bem como a Inglaterra perdia seus direitos, tais como, por exemplo, o de apresar e revistar navios brasileiros. No dia 12 de março, Ernesto Ferreira França, ministro dos Negócios Estrangeiros, *"notificou oficialmente Hamilton de que, a partir do dia seguinte, o tratado de 1817 expiraria, o direito recíproco dos barcos de patrulha britânicos e brasileiros abordarem, revistarem, de terem e mandarem a julgamento navios de escravos britânicos e brasileiros consequentemente estaria terminado e que as comissões mistas anglo-brasileiras com sede no Rio de Janeiro e em Freetown continuariam a funcionar por apenas mais seis meses, a fim de concluírem o julgamento de navios capturados antes de 13 de março"*.[103]

Uma bomba caía em Londres.

A notícia era tão auspiciosa que, já no dia 15 de março, o ministro da Justiça enviou comunicado a todos os presidentes das províncias, avisando que *"os tribunais ordinários do Brasil seriam daí em diante competentes para julgar navios de escravos capturados pelas forças militares e navais brasileiras"*.[104]

Essa notícia era música para os ouvidos dos traficantes, pois, no âmbito local, eles já haviam colocado seu mecanismo para funcionar, e o desembarque de escravos acontecia sob céu de brigadeiro.

No dia 31 de março, o Ministro dos Negócios Estrangeiros Ernesto Ferreira França foi à Câmara dos Deputados debater a posição do governo em não renovar o tratado de 1826, que havia entrado em vigor em 1830 e expirava justamente naquele ano de 1845. Então, entre os dias 31 de março e 2 de abril, os deputados brasileiros tiveram a oportunidade de expressar suas opiniões.

O primeiro a falar foi João José de Oliveira Junqueira, que reclamou ao ministro que, por conta do tráfico de escravos, a Inglaterra já havia suspendido a compra de açúcar brasileiro e o substituíra pela compra de açúcar oriundo de Java e de Manila.

*"Senhores, a Inglaterra estava acostumada de longa data a considerar o Brasil como sua grande fazenda; nós todos trabalhávamos somente para o engrandecimento da Inglaterra."*[105]

Em seguida, interpelou o ministro acerca do que o governo pensava e faria sobre o direito de visita às embarcações estipulado em 1817, adotado em 1826 e que expirava em 1845.

*"O tratado de 1826 estipula que o tráfico acabou-se para sempre; pergunto, estará acabado o direito de visita, quando está nas nossas leis considerado pirataria o tráfico de escravos? Tendo os navios de guerra o direito de visitar um navio suspeito de pirata, segundo o direito das gentes, o que se segue é que os nossos navios que se armarem para a escravatura serão visitados, embora a nota do nobre ministro diga que está acabado o direito de visita [...]. Será com tratados que poderemos desenvolver a indústria? Nego: como poderemos desenvolver a indústria é com uma pauta protetora [...] a câmara dos deputados tem o direito de dizer ao governo [...] que não se deve fazer tratado com ninguém."*[106]

Disse o ministro, em resposta ao deputado, que podia assegurar que *"o governo não fará ajuste ou tratado algum que não seja vantajoso para o país e digno dele [...] no dia 13 de março de 1845, em que se completarão os 15 anos, cessou esse direito de visita e busca, e tudo o mais que foi estabelecido na convenção de 1817, nas instruções e regulamentos anexos, e artigos adicionais [...] o governo está na firme resolução de sustentar todos os seus direitos [...] o receio de uma violência não seria bastante para fazer o Brasil arredar-se daquilo que é de seu direito".*[107]

Era tudo o que a maioria dos deputados queria ouvir.

Foi então a vez do Deputado Francisco Souza Martins:

*"[...] a França e a Inglaterra tratavam de um acordo pelo qual pudessem substituir medidas mais eficazes para a repressão do tráfico do que aquelas que têm sido até agora adotadas. [...] E estas medidas não podem ter influência na prosperidade do Brasil? Não podem ter influência prejudicial ao nosso comércio? [...] A câmara deve saber que os nossos gêneros atualmente se acham tão depreciados nos mercados da Europa [...]. Eu quero me persuadir que a Inglaterra não deseja continuar mais a empregar em tão grande escala, como tem empregado até hoje, os meios coercitivos para reprimir o tráfico por meio da força [...] não há muito que se publicaram no* Jornal do Commercio *vinte e tantos casos de navios apresados injustamente pelo cruzeiro inglês [...] quando reclamamos dezenas e centenas de contos de réis é quando se nos manda pagar 400$!!... E à vista destes fatos dir-se-há que não passamos por humilhações?".*[108]

E completou o Deputado Luiz Pedreira do Couto Ferraz:

*"Peço, portanto, ao Sr. ministro que influa quanto puder para que cessem essas violências e conte que serei o primeiro a aplaudir tudo quanto praticar contra uma nação que quer acabar com o Brasil [...]".*[109]

Na sessão do dia 1º de abril de 1845, as discussões foram retomadas.

Disse o Deputado José Ildefonso de Sousa Ramos:

"[...] *entendo que vai uma grande diferença do direito à efetividade dele* [...] *é fora de dúvida que nossos navios não podem ser visitados, mas daqui não se segue que nosso direito seja respeitado, que nossos navios não venham a ser visitados, para isso são precisas outras providências; não basta uma simples nota de intimação*".[110]

E o Deputado Andrada Machado acrescentou:

"*Eu creio que toda zanga contra a Inglaterra provém da extinção do tráfico.* [...] *sou inimigo do tráfico da escravatura.* [...] *Eu vejo neste comércio todos os males, vejo um ataque ao cristianismo, à humanidade e aos interesses verdadeiros do Brasil; sou homem, sou cristão, e sou patriota, não posso pois admiti-lo. Este comércio, ainda quando seja em benefício de uma raça, é comércio anticristão; não cuido que os homens nasceram para a escravidão; creio que os negros, os amarelos, os verdes, se houver, são tão bons quanto nós, são dignos de serem livres como nós* [...]".[111]

E completou o Deputado Ferraz:

"[...] *esta potência que quer acabar com o tráfico de escravos, enquanto se apresentar da maneira hostil por que se apresenta ante os povos* [...] *nunca poderá conseguir a completa extinção desse odioso comércio* [...] *enquanto quiser unicamente levá-lo a efeito por meio da força, enquanto apresentar-se com baionetas e com canhões* [...] *atribuir-se-há não à filantropia o seu pensamento, sim a motivos de egoísmo, ao desejo de arruinar os estados agrícolas em proveito das suas colônias, e sendo muito natural a resistência a opressor, todo o seu trabalho, todos os seus esforços serão inúteis* [...]. *Em 22 de junho de 1839 o governo do Brasil foi, pois, o primeiro que exigiu da Inglaterra que reprimisse o tráfico nas costas do Brasil; foi o primeiro que pôs à disposição da Inglaterra o direito de busca nas nossas enseadas e costas* [...]

*tendo-se acabado esse direito no dia 13, o ministério fez as participações com antecipação, a fim do governo inglês expedir ordens a todos os cruzeiros [...]. Apesar de estar extinto o direito de visita, os comandantes das embarcações continuaram a fazer as buscas [...] e a culpa de qualquer dano que sofram os súditos brasileiros deve recair sobre a negligência do ministério".*[112]

O Deputado Nicolau Rodrigues dos Santos França Leite, que mais tarde seria o primeiro presidente da Sociedade Brasileira contra o Comércio de Escravos (fundada em 1850), saiu em defesa dos ingleses:

*"Eu julgo que nada disto é conveniente. Os negócios que existem entre nós e a Inglaterra exigem que sejamos prudentes quando temos de tratar a respeito desta parceria. Eu digo que hoje não existe na Inglaterra, nem existe em potência alguma, esse pretendido direito de visita por todos os motivos e debaixo de pretextos de superioridade marítima [...] esses abusos são de alguma sorte justificados pelo procedimento constante que temos tido em tolerar o tráfico odioso da escravidão, admitindo mesmo em nossos portos milhares de fraudes tendentes a proteger este comércio, comércio que se tem feito com flagrante violação das leis do país e dos tratados; é esse tráfico que tem desmoralizado de maneira horrível as diferentes classes do nosso país, tornando as leis sem força e sem vigor."*[113]

Em seguida, falou o Deputado Souza Oliveira:

*"[...] o direito de visita é improfícuo contra a repressão do tráfico. [...] Disse lorde Palmerston: 'Não imagineis, senhores, que estes tratados relativos ao direito de visita sejam muito importantes pelo lado da filantropia, ou que possam ter a eficácia necessária para reprimir um tráfico infame. Não, aqui como em tudo, a virtude tem a sua recompensa. As consequências comerciais desses tratados é que são da última*

*importância, porque o seu verdadeiro objetivo é desenvolverem indiretamente todos os interesses do nosso comércio e da marinha."*[114]

Vê-se que o interesse do governo britânico era o desenvolvimento de sua marinha e do seu comércio.

Dessa vez não houve reclamação alguma sobre o fato de o governo ter tomado atitudes sobre tratados sem consultar as Câmaras. Legislando em causa própria, como sempre, quando a decisão do Imperador D. Pedro II os beneficiava, ela era obviamente elogiada; quando não os beneficiava, tachavam-na de absolutista, de não atender os interesses nacionais, entre outras denúncias.

Como se pode ver, a Câmara apoiou a decisão do governo de forma quase unânime, descontadas algumas notas discordantes em favor da Inglaterra. Era, sem dúvida, um tremendo retrocesso o fim das medidas tomadas pela Inglaterra contra o tráfico, sobretudo o direito de visita, que garantia a efetividade das diligências. As tais medidas, ditas excessivas, tomadas pelos ingleses, os abusos de que se queixavam os brasileiros nas abordagens etc. eram frutos do descaso do Brasil em fazer cumprir a sua parte na vigilância.

Os ingleses não demoraram para perceber que o Brasil não cumpria sua parte no tratado e passaram a agir praticamente sozinhos, muitas vezes extrapolando as diretrizes do tratado, é verdade, mas em matéria de combate ao crime — sobretudo um extremamente organizado, como o do tráfico de escravos, que movimentava verdadeiras fortunas e ensejava corrupção, que por sua vez desarticulava qualquer tentativa séria de combate — precisava-se, às vezes, ir além das determinações convencionais e ser um pouco mais incisivo, duro. Os ingleses logo perceberam também que o crime havia se imiscuído nas instituições brasileiras, nas instâncias legais, e quando isso acontece... fica difícil combatê-lo.

A visão geral era de que a reação brasileira se fazia necessária simplesmente porque a Inglaterra não estava respeitando o tratado.

Como se o Brasil o estivesse cumprindo. Mas a nota cômica veio de alguns deputados mais exaltados, que, pasmem, propunham que o Brasil entrasse em guerra contra a Inglaterra, caso ela se recusasse a aceitar que o tratado de 1817 havia expirado.

Sousa Martins e José Ildefonso de Sousa Ramos *"achavam provável que o Brasil sofresse novas humilhações, a menos que o Governo fosse capaz de resistir à pressão britânica; eles exigiram, portanto, que de alguma forma se encontrasse o dinheiro para quadruplicar imediatamente o número de navios da Marinha brasileira em caso de uma declaração de guerra. [...] Antonio Carlos de Andrada prometeu seu apoio se o Governo decidisse ir à guerra em defesa da sua interpretação do tratado contra o comércio de escravos"*.[115] A maioria dos deputados, no entanto, defendia a ideia de que seria muito mais prudente o governo negociar um novo tratado com a Inglaterra do que entrar em guerra contra *"um colosso"*.

ANTÔNIO CARLOS RIBEIRO DE ANDRADA MACHADO E SILVA

No dia 12 de junho — depois de alguns debates e de discordâncias pontuais — o governo foi favorável à saída do Brasil do tratado sem abrir negociação. A Inglaterra, por sua vez, emitiu nota dizendo que, com o fim do tratado, *"estava agora livre de qualquer obrigação de trabalhar por um acordo com o Brasil e, em vez de abandonar os seus esforços ou de firmar algo que considerassem um tratado menos efetivo, recorreria provavelmente a medidas ainda mais fortes do que as adotadas no passado e poderia mesmo resolver tratar o comércio brasileiro de escravos como pirataria"*.[116]

Para quem queria ir até a uma guerra contra a Inglaterra, estava feito o convite.

## OS INGLESES ARREGAÇAM AS MANGAS

Lorde Aberdeen recebeu do seu agente no Rio de Janeiro, Hamilton-Hamilton, a notícia de que o governo brasileiro tinha aprovado o fim do tratado de 1817 sem propor qualquer substitutivo. Lorde Aberdeen sabia que, com o fim do tratado, o tráfico de escravos, que nunca havia cessado, ganharia força com uma camada a menos de vigilância. Foi então que consultou os assessores jurídicos do Law Officers, que disseram que o governo *"estava obrigado a admitir que o tratado de 1817 tinha expirado. De acordo com o primeiro artigo do tratado de 1826, porém, a Coroa tinha adquirido o direito de determinar a captura de todos os súditos brasileiros encontrados em alto-mar praticando o comércio de escravos, de puni-los como piratas e de dispor dos seus navios, nos quais eles poderiam ser presos juntamente com os bens a eles pertencentes a bordo"*.[117]

Não foi difícil, então, para a Inglaterra encontrar uma forma de enquadrar os traficantes brasileiros dentro de outras convenções

GEORGE HAMILTON-GORDON, CONDE DE ABERDEEN

internacionais que versavam sobre a questão da pirataria. Havia já uma jurisprudência formada e convencionada:

*"Entre todas as nações civilizadas, os navios de guerra de qualquer nação podiam revistar e capturar em alto-mar embarcações piratas, qualquer que fosse a bandeira por elas hasteada."*[118]

A marinha britânica foi então autorizada a tratar como piratas os navios brasileiros e autuá-los onde bem entendesse. O fim do tratado, ao contrário do que o Brasil imaginava, não tinha contribuído em nada para o afrouxamento das investidas inglesas, e, bem pelo contrário, havia despertado na Inglaterra a atenção para o movimento cada vez mais intenso do tráfico.

Por enquanto era isso, a Inglaterra enquadraria os brasileiros na jurisprudência já consagrada sobre a pirataria, mas o campo estava aberto para uma lei inglesa exclusiva para enquadrar o tráfico de escravos, e ela não tardaria a chegar.

## A LEGAÇÃO IMPERIAL BRASILEIRA EM LONDRES NÃO IMPRESSIONOU OS INGLESES

Foi com esse pomposo nome que, em 25 de junho de 1845, o Brasil apresentou ao Parlamento inglês um protesto contra a *bill* que lá tramitava velozmente.

A difícil tarefa ficou a cargo de José Marques Lisboa, que fora diplomata brasileiro em Paris, e, em linhas gerais, elaborou um documento no qual alegava:

*"Na grave situação em que os recentes atos do governo britânico colocam as relações do Brasil com a Grã-Bretanha, em vista do projeto de lei apresentado por Lorde Aberdeen, e em discussão atualmente em um dos ramos da legislatura deste país [...] antes, porém, de ocupar-se com esta lei, que tem de alterar por uma forma tão desagradável as relações entre o Brasil e a Inglaterra."*[119]

Não era verdade que a *bill* alterava as relações diplomáticas entre Brasil e Inglaterra, e, sim, — como até no Brasil todos estavam cansados de saber — o tráfico, que ganhara proporções assustadoras.

Segue o diplomata:

"*O Brasil comprometeu-se pela convenção de 23 de novembro de 1826 a cumprir todas as cláusulas convencionadas em 1815, 1817 e 1823 entre a Grã-Bretanha e Portugal para a abolição do tráfico de escravos: nesse número entrava a criação de comissões mistas.* [...] *Entretanto, a duração da convenção de 1817, que tais comissões mistas criou, não era ilimitada* [...] *claro fica, pois, que a cessação das comissões mistas, notificada pelo Governo Imperial, não é, em primeiro lugar, como se tem querido insinuar, um ato arbitrário da sua parte; antes, pelo contrário* [...] *com efeito, em face dos documentos oficiais que o governo britânico faz publicar anualmente (Slave Trade Papers), é fácil reconhecer-se que longe estavam as comissões mistas de atingirem o objeto ostensivo de sua instituição.*"[120]

O Brasil havia se limitado a participar das comissões mistas, e nada mais. Não havia cumprido nenhuma das cláusulas convencionadas nos tratados conforme alegava.

Segue a representação brasileira:

"[...] *o abaixo assinado recorrerá ainda à mesma fonte oficial (Slave Trade Papers) para sustentar que as outras partes da convenção de 1817 não eram observadas com mais fidelidade.* [...] *E, na verdade, em cada página daquela publicação se encontra efetivamente a prova irrefragável de violações as mais odiosas: o direito de visita exercido violentamente, o alcance das baterias brasileiras nas águas territoriais do Império, por vezes mesmo no interior de seus portos; desembarques com força armada em diferentes pontos da costa, em presença das autoridades locais, e com menosprezo de suas representações; numerosas apreensões arbitrárias, gratuitas; e todas essas ofensas e atentados à nacionalidade brasileira, desfrutando uma impunidade revoltante, devida em grande parte à anarquia a que se achavam reduzidas as comissões mistas pelas razões já acima alegadas pelo abaixo assinado*".[121]

O certo é que era, em verdade, o mecanismo local de corrupção de agentes públicos, armado pelos traficantes, que motivava as incursões inglesas.

E prossegue em sua argumentação, no sentido de dizer que

"[...] *estava, pois, o Governo Imperial no seu direito quando notificou a cessação das cláusulas da convenção de 1817. [...] O abaixo assinado resumirá em poucas palavras a penosa impressão que sente quando escreve estas linhas para declarar que, se pudessem realizar-se tais vistas, e se, em virtude deste* bill, *acontecesse de alguns brasileiros perderem a vida, não hesitaria o abaixo assinado em qualificar tais execuções de assassínios jurídicos perante Deus e os homens. [...] Ao abaixo assinado repugna a ideia de que tenha porventura que deflorar uma tal calamidade: esse* bill *viola incontestavelmente direito público; e o abaixo assinado faz ampla justiça aos tribunais ingleses para não duvidar de que, ainda que tal lei passasse como está concebida, o estigma original e a nulidade radical de que se trata fossem nobremente invocados a prol dos infelizes a quem pretendessem aplicar as monstruosas disposições de uma lei expressa e exclusivamente feita e promulgada por um Parlamento inglês para serem condenados súditos brasileiros"*.[122]

Ao que parece, o governo brasileiro havia saído em defesa clara dos traficantes, que, embora fossem súditos brasileiros, eram marginais que praticavam o mais odioso e vil dos comércios. Como se pode ver, não havia uma linha sequer condenando o imenso tráfico de escravos, que, ao contrário do que esperava a Inglaterra, nunca cessara.

E finaliza sua representação, dizendo:

"[...] *pertencendo a iniciativa desta lei ao governo de S. M. Britânica, o abaixo assinado, para manter e reservar os direitos do Imperador, seu augusto amo, e os interesses dos súditos de S. M., cumpre o seu rigoroso dever, protestando pela forma mais solene, como protesto pela presente, contra a cláusula de qualquer lei estrangeira que condenasse um brasileiro (quanto à sua vida e bens) a penas que só competisse às leis do seu país lhe infligir, atacando, mesmo somente por esse fato, as prerrogativas da Coroa Imperial do Brasil, assim como a sua independência e soberania".*[123]

O Brasil insistia em não assumir sua culpa no fracasso, ou, o que era mais grave, seu descaso no combate ao tráfico. Seus recursos meramente retóricos ainda iam no sentido de defender os traficantes, na medida em que condenavam o *modus operandi* inglês de interceptar e julgá-los como piratas.

A difícil arte de defender o indefensável.

## BILL ABERDEEN

A argumentação brasileira, como era de se esperar, não surtiu o menor efeito e sequer foi objeto de análise do Parlamento inglês, que, entre os dias 3 e 10 de julho, tramitou a lei com êxito dentro da Câmara dos Lordes, a qual, em 8 de agosto de 1845, recebeu a aprovação real.

A lei, em linhas gerais, determinava o seguinte:

O artigo 3º da Aberdeen lembrava ao Brasil que, a partir de 1831, havia sido acordado que *"não seria lícito aos súditos do Imperador do Brasil empregarem-se ou fazerem o tráfico de escravos africanos por qualquer pretexto ou maneira que fosse, e que tal tráfico, feito depois daquele período, por qualquer pessoa súdito da S. M. I., seria considerado e tratado como pirataria".*[124]

E com a expiração daquele tratado, a Inglaterra decidiu que essa condição não se alteraria e que havia se tornado então necessário:

"[...] *que aquela parte do dito ato* [...] *que proíbe o alto tribunal do almirantado e os tribunais de vice-almirantado de exercerem jurisdição sobre navios capturados em virtude da dita convenção seja revogada, e que se adotem outras medidas para que tenha ela a devida execução: decreta-se que toda a parte do dito ato que proíbe o alto tribunal do almirantado, ou qualquer tribunal de vice-almirantado em qualquer parte dos domínios de S. M. de julgar qualquer reclamação, ação ou causa da dita convenção, ou que encerra alguma estipulação para interdizer uma tal reclamação, ação ou causa procedimento no alto tribunal do almirantado, ou em qualquer dos ditos tribunais de vice-almirantado fica revogada".*[125]

As comissões de julgamento do tráfico, que eram mistas, passariam a ser exclusivas da Inglaterra.

O artigo 4º determinava que seria lícito ao alto tribunal do almirantado e a todo tribunal de vice-almirantado de S. M. dentro de seus domínios:

"[...] *tomar conhecimento e julgar qualquer navio que faça o tráfico de escravos africanos em contravenção da dita convenção de 23 de novembro de 1826, e que for detido e capturado por aquele motivo depois do dito dia 13 de março por qualquer pessoa ou pessoas a serviço de S. M. que para isso tenham ordem ou autorização do lorde grande-almirante ou dos comissários que exercerem o cargo de lorde grande-almirante ou de um dos secretários de Estado de S. M., bem como os escravos e cargas nele encontrados, pela mesma maneira, e segundo as mesmas regras e regulamentos que contenham qualquer ato do Parlamento ora em vigor, em relação à repressão do tráfico de escravos feito por navios de propriedade inglesa, tão inteiramente para todos os intentos e fins como se tais atos fossem de novo decretados neste ato, quanto a tais navios e a tal alto tribunal do almirantado ou a tais tribunais de vice-almirantado".*[126]

O artigo 5º decretava:

"[...] *todas as pessoas que obrarem em virtude de uma tal ordem ou autoridade do lorde grande-almirante ou dos comissários que exercem aquele cargo ou de um dos secretários de estado de S. M. ficam isentas e serão indenizadas de todos os mandados, ações, causas e procedimentos quaisquer, e de todo e qualquer ato judicial e penas, por ter parte em tal busca, detenção, captura ou condenação de qualquer navio que tenha sido encontrado a fazer o tráfico de escravos africanos, em contravenção da dita convenção de 23 de novembro de 1826, ou na prisão ou detenção de qualquer pessoa encontrada a bordo de tal navio, ou por causa da sua carga ou qualquer outro motivo que com isso tenha relação, e que nenhuma ação, causa, mandado ou procedimento qualquer se sustentará ou será sustentável em qualquer tribunal, em qualquer parte dos domínios de S. M. contra qualquer pessoa, por qualquer ato que pratique em virtude de tal ordem ou autorização, como fica dito*".[127]

E o artigo 6º decretava:

"[...] *qualquer navio ou embarcação que for detido em virtude de tal ordem ou autorização, como fica dito, e for condenado pelo alto tribunal do almirantado ou por qualquer tribunal de vice-almirantado de S. M., poderá ser comprado para o serviço de S. M., pagando-se por ele a soma que o lorde grande-almirante ou os comissários que exercem aquele cargo julgarem ser o preço justo do mesmo navio; e se assim não for comprado, será desmanchado completamente, e os seus materiais vendidos em leilão em lotes separados*".[128]

A Bill Aberdeen reeditava praticamente todo o tratado de 1826, só que dessa vez excluindo o diálogo e a parceria com o Brasil no combate ao tráfico de escravos, assumindo ela todo o processo, da captura dos navios até o julgamento final.

A diplomacia com o Brasil e a paciência pareciam ter acabado.

# O VELHO E BATIDO PROSELITISMO

No dia 16 de setembro de 1845, o Conselho de Estado reuniu-se para discutir a posição do Brasil diante da aprovação da Bill Aberdeen, que, segundo o Ministro dos Negócios Estrangeiros Antônio Paulino Limpo de Abreu, mereceria algum tipo de atitude dentro de três possibilidades, a saber: o governo brasileiro *"deveria protestar contra o projeto e em que termos? Deveria iniciar negociações com o governo britânico sobre um tratado contra o comércio de escravos que substituísse o projeto? Sobre que base se deveria estabelecer qualquer novo tratado?"*.[129]

Depois de longas discussões ficou acordado que — tendo visto quão draconianas eram as novas determinações — o Brasil deveria enviar à Inglaterra uma declaração de protesto. O encarregado em

ANTÔNIO PAULINO LIMPO DE ABREU

elaborar novos recursos retóricos foi o ministro dos Negócios Estrangeiros. Diz ele:

*"Sua Majestade, o Imperador do Brasil, meu augusto soberano, soube com a mais profunda mágoa que foi aprovado e sancionado como lei por S. M. a rainha da Grã-Bretanha, no dia 8 do mês de agosto do corrente ano, um ato do Parlamento em virtude do qual se confere ao alto tribunal do almirantado e a qualquer tribunal de vice-almirantado de S. M. B. dentro dos seus domínios o direito de tomar conhecimento e de proceder a adjudicação de qualquer navio com bandeira brasileira que fizer o tráfico de escravos em contravenção da Convenção de 23 de novembro de 1826, e que for detido e capturado por qualquer pessoa ao serviço de sua dita majestade."*[130]

A nota começa já num tom bastante errático ao dizer que o governo brasileiro estava profundamente magoado com o fato de a Inglaterra se permitir apresar navios brasileiros envolvidos no tráfico de escravos.

Segue a nota:

*"[...] tem o Governo Imperial o direito para pronunciar-se com toda a energia que dá a consciência da justiça contra um ato que tão diretamente invade os direitos de soberania e independência do Brasil, assim como os de todas as nações".*[131]

Os atos da Inglaterra não feriam a soberania, a independência do Brasil, pois ela não se imiscuía nos negócios lícitos, e tentar proibir ou levantar obstáculos à busca de traficantes era claramente um ato no sentido de protegê-los.

E prossegue argumentando:

*"[...] tendo cessado, como é evidente, entre o Governo Imperial e o da Grã-Bretanha as estipulações especiais que autorizavam o direito de visita e busca em tempo de paz, e os tribunais mistos para julgarem*

*as presas, era indispensável, para que tais medidas fossem restabele-cidas ou substituídas por outras, o acordo de novos compromissos entre os dois governos"*.[132]

Havia ficado acordado — como vimos —, nos debates na Câmara e no Conselho de Estado, que o Brasil não deveria fazer acordos com a Inglaterra, daí a tomada de posição unilateral inglesa.

*"Princípio é de direito das gentes"*, seguia dizendo a manifestação, que *"nenhuma nação pode exercer ato algum de jurisdição sobre a propriedade e os indivíduos no território de outro. A visita e busca no alto-mar, em tempo de paz, assim como os julgamentos, são, mais ou menos, atos de jurisdição. Aquele direito, além disto, é exclusivamente um direito beligerante"*.[133]

A Inglaterra sabia que havia um aspecto beligerante na forma como resolvera unilateralmente a questão, mas era isso ou nada. Talvez não agisse do mesmo modo com a França, por exemplo, mas o Brasil não tinha como fazer nada contra esses ditos abusos de poder, embora alguns deputados tivessem se pronunciado dizendo que estavam dispostos até a entrar em guerra com os ingleses. Para quê? Para defender o tráfico? E continuava a nota:

*"Neste ato que acaba de passar como lei, impossível é deixar de reconhecer esse abuso injustificável da força que ameaça os direitos e regalias de todas as nações livres e independentes"*.[134]

E prosseguia o inconformismo brasileiro:

*"Se esta violência se coonesta atualmente com o grande interesse de reprimir o tráfico de escravos, inquestionável é que os fins não podem justificar a iniquidade dos meios que se empregam, nem será para admirar que, sob pretexto de outros interesses que possam criar-se, a força e a violência venham a substituir, no tribunal das nações mais*

*fortes, os conselhos da razão e os princípios do direito público universal, sobre os quais devem pousar a paz e a segurança dos estados."*[135]

O Brasil insinuava que a Inglaterra agia contra o tráfico sob pretexto de outros interesses, ou seja, seus interesses comerciais. Era, como já vimos, uma ladainha antiga dos traficantes escravocratas.

Em relação a *os fins justificarem os meios*, a Inglaterra pensava o contrário: para o fim do tráfico valeria, sim, a máxima maquiavélica de que o fim justifica os meios. E era o que ela estava disposta a fazer.

Com relação ao tema pirataria, dizia o texto:

*"A considerar e a tratar este comércio feito pelos súditos brasileiros como pirataria [...] é claro que a intervenção que o governo britânico pode ter a respeito do tráfico feito por súditos do Império deve reduzir-se unicamente a exigir do Governo Imperial a exata e pontual observância do tratado; além disto, nada mais pode competir-lhe [...] ninguém contesta que os crimes cometidos no território de uma nação só podem ser punidos pelas autoridades dela, e outrossim que se reputa parte do território de uma nação os seus navios, para o efeito, entre outros, de serem punidos por suas leis os crimes que neles forem perpetrados."*[136]

O problema era que o Brasil não combatia o tráfico. Os representantes dos traficantes eram áulicos, palacianos, e seus tentáculos se estendiam para as Câmaras, para o Conselho de Estado, e nesse sentido tornava-se muito difícil confrontá-los.

Tão difícil que a nota saía em defesa deles quando, inacreditavelmente, dizia:

*"[...] o tráfico não ameaça o comércio marítimo de todos os povos como a pirataria. Daqui vem que as penas impostas aos traficantes de escravos não podem, sem a nota de tirânicas, ser tão severas como as que todas as nações impõem aos piratas. Se o tráfico de africanos não*

*é a pirataria de direito das gentes, se pela convenção de 23 de novembro
de 1826 o Brasil não outorgou à Inglaterra o direito de punir e julgar
como pirataria os súditos brasileiros e sua propriedade, suspeitos de
se empregarem no tráfico, é evidente que a Inglaterra não pode exercer
um tal direito pelos seus tribunais, sem ofensa da soberania e independência da Nação brasileira".* [137]

Era uma tentativa clara e desesperada de salvar a pele dos traficantes. Para finalizar, visto que a Inglaterra havia afrontado o Brasil
e não dava a menor importância para o que se pensava sobre a Bill
Aberdeen, o governo brasileiro tentava, nos quarenta e cinco minutos
do segundo tempo, arranjar algum acordo que pudesse resultar em
um desfecho menos vergonhoso e humilhante.

Finaliza o ministro, dizendo:

*"Portanto, o abaixo-assinado, ministro e secretário de Estado dos
Negócios Estrangeiros, em nome e por ordem de S. M. o Imperador, seu
augusto soberano, protesta contra o referido ato, evidentemente
abusivo, injusto e atentatório dos direitos de soberania e independência
da Nação brasileira, não reconhecendo nenhuma de suas consequências
senão com efeitos e resultados da força e da violência, e reclamando
desde já por todos os prejuízos, perdas e danos que se seguirem ao
comércio lícito dos súditos brasileiros, a quem as leis prometem e S. M.
o Imperador deve constante e eficaz proteção. [...] O Governo Imperial,
sem embargo disto, antepondo a quaisquer outras considerações os
sentimentos generosos de justiça e filantropia que o animam e dirigem
em todos os atos, continuará a empenhar os seus esforços na repressão
do tráfico de escravos, segundo as leis do país, e muito desejará que o
governo de S. M. Britânica aceda a um acordo que, respeitando
os interesses do comércio lícito dos súditos brasileiros, obtenha o
desejado fim de pôr termo àquele tráfico, que todos os governos
ilustrados e cristãos deploram e condenam".* [138]

Como se pode ver, eram várias as mentiras ou meias verdades elencadas pelo ministro. De todas as coisas que ele dissera, só se esquecera de explicar por que o tráfico não cessava nunca e, pelo contrário, havia tomado fôlego. A Inglaterra estava cansada de mero proselitismo. Havia vinte anos que o Brasil vinha arrastando a questão, tergiversando, tangenciando. A elite escravista brasileira não era confiável e usava o Estado para promover seus interesses.

E, ao final, Lorde Aberdeen tinha razão, pois nunca entrara tanto escravo no Brasil como depois do fim do tratado de 1826 e do início da Bill Aberdeen. Embora os brasileiros esperneassem e buscassem cinicamente dourar a pílula, os números falavam por si: em 1846, entraram 50.324 escravos; em 1847, 56.172; em 1848, 60.000; e, em 1849, 54.000.

Enquanto os vira-latas brasileiros ladravam, os navios ingleses passavam, para alegria de muitos e desespero de poucos.

# 1848

## EM MEIO AOS DEBATES, A DISSOLUÇÃO DA CÂMARA DOS DEPUTADOS

O máximo que o Brasil conseguiu com a choradeira foi uma declaração curta e grossa da Inglaterra, dizendo: *"O governo de Sua Majestade não consentirá na revogação do tratado"*, escreveu Palmerston, *"até que seja abolida a escravidão no Brasil, o tratado deve ser tão ilimitado na sua duração quanto o Ato do Parlamento que ele deve substituir."*[139]

Aprovado o projeto — a despeito de toda a lamúria da diplomacia brasileira em Londres —, os ingleses partiram, sem delongas, para a ação, para desespero dos traficantes brasileiros que viram, do dia para a noite, o Atlântico Sul infestado de navios ingleses. De fato, as capturas de embarcações envolvidas no tráfico de africanos se intensificaram e revelaram o tamanho do mal para o qual o Brasil insistia em fechar os olhos ou, antes, o que é bem pior, proteger; foram capturados, *"somente envolvidos no comércio brasileiro de escravos, quase 400 navios. 27 durante o último trimestre de 1845; 49 em 1846; 78 em 1847; 90 em 1848; 54 em 1849; 80 em 1850 — além de muitos outros no tráfico para Cuba".*[140] Todos eles foram rapidamente julgados e severamente condenados como piratas no tribunal marítimo britânico.

Com o aperto no combate ao tráfico, a Inglaterra ensinou ao Brasil como era que se fazia, ou seja, que traficantes deveriam ser tratados, julgados e condenados como piratas, criminosos, e não ganhando voz e representatividade no Parlamento. Esse ato simples, o da execução e cumprimento das leis — princípio básico de qualquer sociedade, mas que no Brasil parecia um martírio —, foi o suficiente para que o tráfico, embora ainda levasse algum tempo para perder totalmente sua força, percebesse que o negócio entraria em declínio.

Foi só tirar o Brasil da linha de frente que a coisa misteriosamente andou. É a diferença de quando se quer realmente enfrentar um problema e de quando se finge querer.

## 1848: O ANO CRUCIAL

O ano de 1848 foi crucial no sentido de que, na mesma medida em que a Inglaterra intensificava o apresamento de navios, os escravocratas tentavam manter seus privilégios pressionando o governo a reagir.

Uma das principais discussões na Câmara, além da ação inglesa — a Bill Aberdeen —, foi a tentativa de passar um novo projeto de lei que, na verdade, de novo não tinha nada, mas que eles — os escravocratas — estavam de olho: um artigo do projeto, o artigo 13. Com a dificuldade de importar escravos, os fazendeiros queriam, pelo menos, legalizar os deles.

No dia 1º de setembro de 1848, a Câmara dos Deputados voltou a propor, portanto, um projeto de lei para a solução do tráfico de escravos, que era praticamente uma reedição — com alterações pontuais — do projeto que fora apresentado dez anos antes, em 1837, por Caldeira Brant. A verdade é que não havia a menor necessidade de projeto algum, pois os ingleses já estavam cuidando de tudo; era, sim, mais um papelão, mais um recurso protelatório que o Brasil tentava emplacar para o mundo, mas que não convencia mais ninguém. Porém, a novidade — como já antecipamos — do projeto de lei era a inclusão de um 13º artigo, que dizia: *"Nenhuma ação poderá ser intentada em virtude da lei de 7 de novembro de 1831, que fica revogada, e bem assim todas as outras em contrário."* A lei a que o artigo 13 se referia — como vimos — era aquela que considerava livres todos os escravos que haviam entrado no Brasil a partir daquela data.

O que os deputados queriam com essa nova lei que tramitava na Câmara, embora ela trouxesse algum verniz de endurecimento ao combate ao tráfico, era aprovar o artigo 13, o polêmico artigo. Com o tráfico de escravos já moribundo e o cerco se fechando à escravidão, eles queriam, no mínimo, assegurar que os escravos adquiridos a partir de 1831 — que eram escravos ilegais — não fossem objeto de judicialização. Queriam salvar a própria pele, já que a pele dos traficantes estava irremediavelmente cada vez mais comprometida.

Nesse dia e nos dias seguintes, o projeto foi debatido na Câmara, e alguns deputados, como Gabriel José Rodrigues dos Santos, acharam melhor que certos artigos, como o 13, fossem julgados em sessão secreta. A intenção era clara: a revogação da lei de 1831 era um escândalo, iria gerar polêmica, e alguns deputados não queriam que suas defesas da escravidão ficassem registradas nos anais da Câmara.

A manutenção ou revogação do artigo 13 dessa nova lei que estava em discussão, e consequentemente a manutenção ou a revogação da lei de 1831, levava a discussão por dois caminhos que naturalmente dividiam a Câmara. A manutenção do artigo 13, ou seja, a revogação da lei de 1831, ia de encontro aos interesses dos escravocratas; afinal, mexia diretamente com suas propriedades e patrimônio, que se encontravam em risco por causa dos escravos que haviam adquirido e que, por conta da lei de 1831, tinham entrado no país de forma ilegal, assim como adquiridos de forma também ilegal. Por outro lado, a revogação do artigo 13, ou seja, a manutenção da lei de 1831 em vigor, ia ao encontro da vontade dos abolicionistas, que utilizavam as prerrogativas dessa lei para tentar suprimir o comércio de africanos e tentar também garantir a liberdade de milhares deles que haviam entrado no Brasil de forma ilegal.

Era essa a importância da lei que estava sendo discutida naquele momento e que teria um final surpreendente.

Na Câmara, além dos deputados, estavam também presentes o Ministro dos Negócios Estrangeiros Bernardo de Sousa Franco, e o Ministro da Justiça Antônio Manuel de Campos Mello.

O Deputado Joaquim Nunes Machado pediu a palavra:

*"Um grande erro* [que] *tem vogado na população, é entender-se que sem a continuação do tráfico a sua agricultura estaria hoje morta [...]. Se, pois, a avareza de entes degenerados não tivesse anulado a lei que extinguiu o tráfico [...] a população teria procurado outros recursos, já os poderes do Estado teriam de há muito tratado de introduzir no país novos braços, já a falta dos africanos estaria completamente suprimida, já o país teria a ventura de possuir leis de colonização [...]. É um engano terrível supor-se que a agricultura só pode alimentar-se com o trabalho dos escravos [...]. Pode-se mostrar hoje por cifras que em vista do valor subido dos escravos não há agricultura possível [...]. E que imensos capitais perdidos anualmente, para o país com embarcações tomadas ou perdidas, capitais que não sabem senão das forças da agricultura! Se eles fossem aplicados para animá-la, que de benéficos resultados não colheria o país! [...]. Maldições chovam sobre todos aqueles que, tendo em suas mãos os meios de autoridade, e podendo comprimir esse tráfico prejudicialíssimo, não só têm protegido os contrabandistas, como talvez mesmo convivido com eles."*[141]

Uma crítica contundente ao abandono do tratado, que significava abandonar a lei contra o tráfico, liberando-o na prática. O deputado criticava aquilo que todos sabiam, ou seja, o enorme esquema de corrupção que envolvia autoridades que deveriam combater o tráfico, mas que se beneficiavam dele tanto quanto os traficantes.

Desse modo, continuou ele:

"[...] me parece que o projeto é inútil, porque o tráfico que ele pretende obstar está expressamente proibido na lei de 7 de novembro de 1831 [...]. Queira o governo que não continue a perpetração desse crime atroz, que ele não continuará, mas se o governo não quiser, ainda que passe o projeto, e mais 10 ou 12, tudo será inútil, porque assim como a lei de 17 de novembro de 1831 tem sido escandalosamente violada, do mesmo modo o será o projeto que se discute e todos os mais. Empregue o governo na polícia homens enérgicos, dominados da ideia de acabar com o tráfico; empregue toda a sua atividade para que as autoridades policiais não zombem das leis, e não iludam as vistas que o governo diz ter e o tráfico acabará. Empregue o governo oficiais da marinha ativos e honrados nos cruzeiros, premie os que fizerem esse serviço e o tráfico acabará. Por consequência, do governo é que depende a extinção do tráfico, e não da falta de legislação".[142]

Joaquim Nunes Machado, poucos meses depois dessa sessão da Câmara, estaria em Pernambuco como um dos líderes da chamada Revolução Praieira, revolução de viés liberal e federalista, uma das últimas das várias que haviam sacudido o Brasil ao longo de toda a década de 1840.

O Deputado Casimiro José de Morais Sarmento, que era advogado, jornalista e escritor, questionou em seu depoimento o porquê da lei de 1831 ter surtido efeito contrário, ou seja, por que não foi capaz de combater o tráfico. Disse ele:

"Cumpria que o governo dissesse à câmara as causas por que essa lei produziu efeito contrário [...] desde que se soubessem as razões por *que essa lei não produziu os efeitos que se esperavam, o legislador ficaria habilitado para arredar essas causas; mas o governo não procede assim, acastela-se no silêncio, ou em proposições estéreis. Não está habilitado o governo para dizer as causas que obstaram os bons efeitos de uma lei qualquer? O nobre ministro não declarou as causas, não porque as ignore, mas porque não podia declarar que a causa foi a não execução desta lei; o nobre ministro não quer dizer isto, porque era sentença de condenação contra a lei que está em discussão, porque naturalmente se havia de dizer: — Que razão tem o governo para pensar que a nova lei será executada, quando a outra não o foi? — se o governo declara que foi a falta de execução da lei, não precisa de nova legislação, execute a lei existente."*[143]

Era uma crítica também bastante incisiva à benevolência com que os governos provinciais e o governo central, consequentemente, tratavam os traficantes.

A lei teria produzido os mais salutares efeitos se tivesse sido executada. Segue falando o deputado:

*"[pois], onde o foi, produziu grandes vantagens, como o orador demonstra, citando vários exemplos [...]. Desejava que o governo deixasse o sistema que tem seguido do mistério, da dissimulação, da tergiversação; queria que o governo fosse franco. Se porventura o governo entende que o tráfico de africanos é conveniente ao país, declare-o francamente, expenda os motivos que tem para pensar assim. Se o governo porém entende que a continuação do tráfico é um mal, se deseja acabar com ele, tenha coragem, apresente-se no parlamento e diga: — Apesar de todas as dificuldades, apesar da guerra que o governo desconfia que lhe hão de fazer, entende que o tráfico deve acabar, o governo está disposto a empregar todos os recursos, ou a cair — se isto lhe pode trazer a queda, a fim de realizar este grande bem. [...] Não existe já a lei de 7 de Novembro desde 1831?*

*Será coisa nova? Novidade será somente o seu fiel cumprimento. [...]*
*Na imprensa, na tribuna, em toda a parte se estigmatiza o tráfico*
*desde 1831; por consequência não é necessário mais preparativo*
*para que tenha lugar à medida que tanto reclamam os verdadeiros*
*amigos do país. O que seria preciso era que neste caso a tribuna e a*
*imprensa não descansassem um momento contra qualquer governo*
*que não desempenhasse esta importante parte de sua missão gover-*
*namental; conviria até fazer disto uma questão de gabinete, isto é,*
*que não se prestasse apoio ao governo que não procurasse reprimir*
*eficazmente o tráfico. É negócio da mais capital importância,*
*e o governo que não desempenhasse nessa parte os seus deveres, não*
*devia merecer o apoio de uma câmara [...]."*[144]

Havia — como se pode ver — uma crítica ao governo no sentido
de nada ter feito em prol do fim do tráfico de escravos.

O ministro da Justiça Antônio Manuel de Campos Mello
procurou sair em defesa do governo, dizendo:

*"[...] a lei de 7 de novembro de 1831 persiste em seu inteiro vigor.*
*[...] Desde que essa lei se promulgou têm estado no poder os homens*
*mais eminentes do país, pertencentes a um e a outro credo político;*
*entretanto a lei não tem sido executada; e por quê? [...] É preciso que se*
*diga aquilo que é mais claro do que a luz meridiana? É possível que*
*tantos homens eminentes do nosso país não tenham tido patriotismo*
*para executarem esta lei? A razão, pois, por que ela não têm sido execu-*
*tada é porque tem havido embaraços reais, graves, muito profundos".*[145]

Os inomináveis embaraços que o ministro não teve coragem
de citar são: corrupção, descaso, prevaricação, comodismo, crime,
entre outros tantos substantivos que poderiam ser aqui elencados.

Para o ministro havia ocorrido um erro grave quando se
promulgou a lei de 1831. Prosseguiu ele:

*"Não se muda o estado de um país de um momento para o outro. Os nossos hábitos de três séculos, durante os quais foi mantida a escravidão entre nós, as necessidades do país, tudo enfim pedia que com um rasgo de pena não se dissesse — fica abolido o tráfico — sem que para isso nada se tivesse preparado. Uma abolição tão repentina não era possível. Entretanto foi o que se fez e, quaisquer que fossem as causas que obrigaram os nossos homens de estado a fazer a lei de 1831, houve erro grave em decretá-la, sem que primeiramente se preparasse o país, sem que se tratasse da introdução de braços livres, sem se fazer coisa nenhuma, nem antes nem depois da lei, sendo o nosso país puramente agrícola e dependendo de braços para viver. Se o governo atual luta com todas essas dificuldades, não é razoável que procure meios diversos daqueles consignados na lei de 7 de setembro de 1831 para reprimir o tráfico?"*[146]

A verdade é que, enquanto houvesse a oferta de escravos, a escravidão continuaria a ser a mão de obra usada nas fazendas. Era preciso que houvesse uma ruptura brusca na oferta de escravos — o que propunha a lei de 1831 — para que o comodismo se dissipasse e, aos poucos, a escravidão — ilegal a partir de então — fosse abolida e a mão de obra, substituída por trabalhadores livres.

O Deputado José Augusto Gomes de Menezes levantou uma questão que preocupava bastante o Brasil naquele momento, que eram as incursões inglesas. Ele questionou o Parlamento sobre o artigo do projeto que qualificava o crime de importação de escravos como crime de pirataria e disse:

*"[...] o bill da Inglaterra qualifica como pirataria o crime de fazer o tráfico, e debaixo dessa classificação achou-se a Inglaterra autorizada para aprisionar-nos os barcos que fossem encontrados no tráfico. [...] o governo do país tem protestado contra esta usurpação não só do direito com que a Inglaterra quer aprisionar e punir brasileiros achados*

*em barcos brasileiros aplicados ao tráfico, como do direito da classifi-cação. Ora, se isto é exato, e por uma lei se der agora a este crime a mesma denominação que aliás não temos querido aceitar quando tem sido dada por uma outra nação, ir-se-á de algum modo reconhecer aquilo que não temos querido reconhecer?*[147]

A questão, clara como a luz do dia, era esta: traficantes significava piratas; só o Brasil ainda lutava por eles e se negava a reconhecer.

Mas... seria obrigado!

## O PARLAMENTARISMO

A animosidade em relação ao governo na Câmara também se devia ao fato de que, em fevereiro e junho de 1848, eclodiram na França revoltas de cunho liberal que depuseram o Rei Luís Felipe I e que se espalharam, estremecendo as monarquias europeias.

O Imperador D. Pedro II estava longe de ser um absolutista — ele havia acabado de assinar, em 20 de julho de 1847, o decreto 523, que tinha como objetivo criar o presidente do Conselho de Ministros, responsável em formar os gabinetes, cargo que nos regimes parlamentaristas equivale ao de primeiro-ministro. Essa decisão, na prática, instaurava no Brasil uma monarquia parlamentarista.

O decreto dizia:

*"Tomando em consideração a conveniência de dar ao Ministério uma organização mais adaptada às condições do Sistema Representativo: Hei por bem criar um Presidente do Conselho dos Ministros; cumprindo ao dito Conselho organizar o seu Regulamento, que será submetido à Minha Imperial Aprovação."*

Era mais uma camada de descentralização do poder que, sabia-mente, D. Pedro II implantava em seu reinado, seguindo numa direção diametralmente oposta em relação a todos que tentassem questionar seu reinado no quesito absolutismo. A partir de então, o presidente do Conselho, ou primeiro-ministro, seria escolhido pelo imperador de acordo com o resultado das eleições disputadas entre os partidos Liberal e Conservador. O partido que vencesse levaria a presidência e organizaria o gabinete de ministro.

Era uma forma de procurar pacificar o país, que na última década havia passado por um período bastante conturbado, com várias revoltas, sublevações e revoluções em diversas regiões. Em 1835, a Revolta dos Malês na Bahia; entre 1835 e 1845, a Revolução Farroupilha; entre 1837 e 1838, a Sabinada; entre 1838 e 1841, a Balaiada; em 1842, as revoltas liberais de São Paulo e Minas Gerais; e, por fim, entre 1848 e 1850, a Insurreição Praieira.

## O FIM SURPREENDENTE

Todas as vezes, desde 1822, que o tema escravidão, ou providências em torno desse problema, entrava na pauta do país, algo surpreendente acontecia.

Em 29 de setembro de 1848, em meio às discussões em torno do artigo 13, ou seja, da revogação ou não da lei de 1831, que respaldaria ou jogaria na insegurança jurídica os donos do poder, o governo Paula Sousa caiu e foi substituído por uma administração conservadora, liderada por Pedro de Araújo Lima, o Visconde de Olinda, depois de três gabinetes liberais. Sobre essa troca no poder vaticinou Sales Torres Homem, o Timandro:

*"Assim caiu do governo do país o Partido Liberal, depois de ter exaurido inutilmente tudo o que a paciência no sofrimento e a moderação dos princípios lhe podiam sugerir para chamar à razão e à*

*observância dos deveres constitucionais um poder refratário e pérfido. Com ele caíram a ordem, a liberdade, o repouso do Brasil e a esperança de suas reformas e regeneração por meios regulares e tranquilos."*[148]

No dia 5 de outubro de 1848, a Câmara recebeu, em meio aos debates do dia, um ofício do imperador que dizia:

*"Usando da atribuição que me confere o art. 101, §5º da constituição do império, hei por bem adiar a assembleia geral legislativa para o dia 23 de abril de 1849. O visconde de Monte Alegre, conselheiro de estado, ministro e secretário de estado dos negócios do império, assim o tenha entendido e faça executar."*[149]

Era o início do divórcio entre os Poderes Executivo e Legislativo. No início do ano de 1849, no dia 19 de fevereiro, um decreto do imperador dissolveu a Câmara dos Deputados, que voltaria a se reunir apenas no dia 1º de janeiro de 1850, depois da realização de novas eleições.

Segundo Timandro, o objetivo da inversão no poder era o de *"debelar a causa das reformas, aniquilar o espírito liberal, calcar aos pés todas as garantias, desafiar sublevações e imperar pelo terror"*.[150]

Poderia até parecer contradição que D. Pedro II tivesse numa hora tomado providências no sentido de descentralizar o poder instituindo o parlamentarismo e, no momento seguinte, decidido dissolver a Câmara dos Deputados. Entretanto, depois do cenário apocalíptico projetado para o Brasil pelo partido que deixava o poder — que o imperador iria "imperar pelo terror" —, algo inesperado e surpreendente aconteceria. Seria no gabinete conservador e na legislatura, que se iniciaria em 1850, que se criariam as condições para que o tráfico fosse efetivamente extinto.

Vejamos.

#  1850

## NAVIOS DE GUERRA INGLESES RONDAM O BRASIL, E EUSÉBIO DE QUEIRÓS RESOLVE AGIR

A nova Câmara que assume em 1850 (a oitava legislatura) e o novo ministério, conservador, vão significar um novo tempo para o Brasil. O Segundo Reinado, pode-se dizer, começa de fato em 1850, depois da conturbada década de 1840 — especialmente os anos entre 1845 e 1848 — por dois motivos: primeiro porque é quando se inicia o novo modelo de monarquia — o parlamentarista —, e segundo por causa do amadurecimento do imperador. A partir de então, os rumos da política ganham outro sentido.

No caso da escravidão, já no ano de 1850, se aprovará a Lei Eusébio de Queirós. Para que a lei fosse aprovada e surtisse o efeito que surtiu, fez-se necessário que outras medidas conexas fossem tomadas. Sem essas medidas a lei seria, provavelmente — o fim se deu com todas as anteriores —, mais uma letra morta.

# OS INGLESES QUEREM AS JOIAS DA COROA

Os problemas internos haviam sido apaziguados, mas o externo — o de sempre —, os ingleses, estava prestes a bater à porta do imperador, da mesma forma que a cavalaria andante inglesa a favor dos negros havia batido à porta de seu pai.

Em 1850, enquanto a Câmara discutia, os ingleses investiram novamente contra o Brasil. O capitão inglês da Royal Navy, Herbert Schomberg, enviou uma nota em nome do governo inglês para os fortes brasileiros, informando-os das novas instruções que recebera do almirantado *"para examinar todos os navios suspeitos e apreender todos os que estivessem praticando o tráfico de escravos, onde quer que possa encontrá-los, no cumprimento da Convenção Perpétua Conjunta de 1826"*.[151]

A partir daí houve uma série de incursões da marinha inglesa em águas brasileiras. Em 22 de junho, o Contra-almirante Barrington Reynolds *"determinou aos navios de guerra britânicos sob seu comando que entrassem em portos e águas territoriais brasileiros e tirassem quaisquer navios que se estivessem equipando para o tráfico. Logo no dia seguinte, o* Sharpshooter *subiu a costa até o porto de Macaé, onde dois barcos entraram no porto e apreenderam o bergantim* Polka. *Em 26 de junho, com os canhões do* Cormorant *apontados para o forte, dois barcos britânicos entraram em Cabo Frio e queimaram o bergantim* Rival. *O* Cormorant *desceu então a costa para Paranaguá, onde era sabido que vários navios se estavam equipando para o tráfico"*.[152]

Outros barcos foram queimados, o *Leônidas* e o *Sereia* em plena vista do forte, e o *Lucy Ann* foi enviado para Santa Helena. Em 5 de julho, *"o* Cormorant *parou no Rio de Janeiro antes de continuar a inspecionar as enseadas, ancoradouros e baías de Rio das Ostras, Guarapari, Santa Anna, Armação e Cabo Frio, ao norte. Durante o fim de semana, a capital ferveu com relatos extravagantes do ocorrido em*

*Paranaguá — e em outros lugares. Chegou-se a dizer que o forte tinha sido completamente destruído, com pesadas perdas humanas, e que a Marinha britânica estava se preparando para bombardear a própria capital, remover da baía todos os navios suspeitos de tráfico de escravos — e até fugir com as joias da Coroa!"*.[153]

O governo despertou nesse dia ao som dos canhões britânicos.

## A CÂMARA ENLOUQUECE

A Câmara enlouqueceu com a invasão inglesa, e, no dia 28 de junho de 1850, o debate esquentou com a presença do Ministro da Marinha e da Guerra Manuel Vieira Tosta.

O Deputado Joaquim Antão Fernandes Leão perguntou ironicamente ao ministro da Guerra, em virtude do nosso direito ter sido menosprezado, *"se não é neste caso que a marinha brasileira pode prestar algum serviço, em que outro caso poderá prestá-lo?"*.[154]

Mais adiante, questionou à Câmara se as incursões inglesas não seriam por causa de o Brasil não ter cumprido com eficácia e com sinceridade as suas obrigações no combate ao tráfico e disse:

*"[...] pensareis vós que a Inglaterra, um país que tem tantas relações comerciais com o Brasil, cujo comércio talvez constitua metade da nossa importação; pensareis vós que uma nação que está nessas circunstâncias para com o Brasil, não estimaria a ocasião de sair dessa dificuldade?"*.[155]

O Deputado José Joaquim Pacheco foi bastante incisivo em suas críticas ao se pronunciar:

*"[...] Será uma página vergonhosa de nossa história essa que disser que quando o Brasil se via ofendido, atacado, humilhado naquilo que*

*ele tem de mais nobre e brioso, na sua nacionalidade [...] passamos a mão na cabeça dos ingleses, ameigando-os [...] não esqueçamos dos insultos e das violências que temos sofrido de navios de guerra de S. M. Britânica [...] nosso comércio de cabotagem é violentado, molestado [...] diante da pátria ultrajada, muito principalmente quando os ataques são dirigidos por uma nação forte contra outra mais fraca. Da união nasce a força, e quando no próprio parlamento não aparece um grito uníssono de repulsa e de indignação contra os ataques do estrangeiro, quando, pelo contrário, procura-se atenuar ou desculpar esses ataques com a indiferença do governo na execução do seu dever, o sentimento de nacionalidade sofre sem dúvidas"*.[156]

Até quando esse rame-rame duraria?

## ERA A HORA

No dia 8 de julho de 1850, com a presença do Imperador D. Pedro II, o Conselho de Estado se reuniu para discutir a situação em que o Brasil se encontrava com a Inglaterra e para encontrar uma solução ou o meio menos inconveniente para sair dessa posição, que passava por uma ou mais das seguintes questões, entre outras:

*"1º — Deve-se resistir? 2º — Deve-se negociar? 3º — Deve-se negociar debaixo de pressão, da força, e pela previsão do futuro? 4º — Os fatos ocorridos até hoje são bastantes para que o Brasil se deva considerar debaixo da pressão da força? 5º — Convirá recorrer à mediação de alguma potência para tratar? 6º — O ajuste de uma convenção, qualquer que seja, preserva-nos para o futuro da reaparição das violências que ora sofremos, se não houver uma eficaz repressão do tráfico no país? 7º — Convirá antes protestar, fazer um manifesto, ordenar às fortalezas e autoridades que deixem de opor*

*uma resistência inútil, declarar que não se resiste porque não se pode resistir, opor apenas a resistência da inércia e esperar a cessação das hostilidades com a destruição de todas as embarcações que os ingleses julgarem suspeitas de fazer tráfico (ou procurar, não obstante, por meio de negociação, tirar o país da posição perigosa em que está?)? 8º — Dever-se-á, no caso do artigo antecedente, cessar as relações com o governo britânico, mandar dar os passaportes ao ministro inglês nesta corte e retirar a nossa legação de Londres?*[157]

As posições dos conselheiros foram quase unânimes no sentido de não resistir e de negociar, mas, sobretudo, atentar para o quesito sexto, ou seja, procurar ajustar uma convenção, qualquer que ela fosse, que preservasse o país da reaparição das violências que ora sofria, mas essa convenção, concordaram os conselheiros e o imperador, só seria eficaz com a repressão e o fim do tráfico no país.

Essa era a situação em que se encontrava o Brasil no início da década de 1850. Não havia mais como procrastinar a decisão, doesse a quem doesse.

## EUSÉBIO DE QUEIRÓS

É aqui que entra a figura de Eusébio de Queirós.

Eusébio de Queirós Coutinho Matoso da Câmara nasceu em Luanda, Angola, e chegou com a família ao Brasil em 1815. Formado em direito, teve uma intensa carreira política. Foi chefe da polícia da corte, secretário de Estado dos Negócios da Justiça, senador, membro do Conselho de Estado e ministro do Supremo Tribunal de Justiça.

Ele já havia lembrado aos deputados, logo que as Câmaras se reuniram na abertura da oitava legislatura, que havia ali "*um projeto cuja discussão já está bem adiantada; ele certamente precisa de modificações importantes, que o governo promete submeter à consideração de Vossas Excelências quando o assunto entrar em pauta".*[158]

No dia 12 de julho de 1850, depois que a reunião do Conselho chegou ao consenso de que não havia outra saída para restabelecer a paz no Brasil e as boas relações com a Inglaterra senão por meio da extinção do tráfico de escravos, Eusébio de Queirós, então ministro da Justiça, fez o que estava apenas aguardando uma sinalização do imperador e do Conselho de Estado: provocar a Câmara dos Deputados para retomar a consideração do projeto contra o comércio de escravos que havia começado a ser debatido em 1848 — como vimos — e que, desde então, aguardava conclusão. Na verdade, faltava julgar apenas o polêmico artigo 13. Foi então que ele enviou à Câmara um pedido para que se votasse definitivamente sobre a matéria. Dizia assim:

*"Neste caso pediria a V. Ex. que houvesse de dar para a ordem do dia de amanhã a lei sobre o tráfego; isto é, a continuação da discussão*

EUSÉBIO DE QUEIRÓS COUTINHO MATOSO DA CÂMARA

*do art. 13 de um projeto sobre esta matéria que ficou adiado no ano de 1848. E como nessa ocasião a discussão foi secreta, com a declaração de poderem assistir os ministros, eu creio que deve continuar da mesma maneira; entretanto se é necessário para isto requerimento, eu o farei."*[159]

O presidente pautou a discussão na ordem do dia:

*"Devo informar a câmara de que o projeto sobre a repressão do tráfico foi votado todo, menos o art. 13, que é o último, cuja discussão ficou adiada na sessão de 1848. Sobre este artigo, pois, é que há de versar a discussão, em sessão secreta, na forma pedida pelo sr. ministro da Justiça, e nos termos do art. 105 do regimento."*[160]

No mesmo dia saiu o resultado:

*"Por ordem da Câmara se manda publicar a decisão por ela tomada em sessão secreta no dia 12 do corrente que é a seguinte: Foi rejeitado o art. 13 do projeto de lei, vindo do senado, de 1837, sob o n. 133; decisão tomada por quase unanimidade de votos dos membros presentes em número de 96."*[161]

No dia 15 de julho de 1850, foi a vez de o Conselheiro Paulino José Soares de Souza ir ao Parlamento. E fez um discurso que era um chamamento aos deputados, um ultimato:

*"[...] Esperava ocasião oportuna para dar-lhes solução; com efeito, senhores, no ponto a que têm chegado estes negócios é preciso cortar as dificuldades, dar-lhes uma solução pronta, franca, clara e terminantemente. [...] No estado com que estão estas questões, e à vista do que tenho exposto, creio sinceramente que é indispensável sair deste estado em que nos achamos, que é necessário darmos uma solução larga, sincera e franca a todas estas questões; a estas questões que provocam todos os dias conflitos, que podem trazer outros maiores;*

*a estas questões que embaraçam a nossa marcha para o desenvolvimento dos recursos e prosperidade do país. [...] Quando uma nação poderosa, como é a Grã-Bretanha prossegue com incansável tenacidade, pelo espaço de mais de 40 anos, o empenho de acabar o tráfico com uma perseverança nunca desmentida; quando ela se resolve a despender 650 mil libras por ano somente para manter os seus cruzeiros para reprimir o tráfico; quando ela obtém a aquiescência de todas as nações marítimas europeias e americanas; quando o tráfico está reduzido ao Brasil e a Cuba, poderemos nós resistir a essa torrente que nos impele, uma vez que estamos colocados neste mundo? Creio que não. Demais, senhores, se o tráfico não acabar por esses meios, há de acabar algum dia. [...] Se a Câmara entende que a situação é grave, que a atualidade apresenta dificuldades, e que o ministério tem a coragem, a inteligência e dedicação suficientes para as resolver como pedem a dignidade e os verdadeiros interesses do país, dê-lhe uma ampla e inteira confiança, preste-lhe uma cooperação larga e completa. E se a câmara entende que o ministério atual não é capaz de vencer as dificuldades da situação peço-lhe que o declare logo."*[162]

O ultimato do conselheiro à Câmara parece ter despertado nos deputados a consciência de que não havia mais margem para protelar e procrastinar a decisão de acabar com o tráfico de escravos no Brasil.

Era isso ou a invasão inglesa.

## A LEI

Foi esse ambiente receptivo que o projeto de lei encontrou quando desembarcou na Câmara dos Deputados no dia 17 de julho de 1850 para ser aprovado, não sem antes sofrer, como era natural e esperado, a resistência de alguns poucos deputados que ainda defendiam o tráfico, embora dissessem o contrário. No Senado, o procedimento foi igual: embora tenha sofrido alguma oposição, o projeto foi aprovado no dia 13 de agosto de 1850.

Desse modo, em 4 de setembro de 1850, o projeto tornou-se lei e, *"daí em diante, as embarcações brasileiras, onde quer que fossem encontradas, e as estrangeiras, em portos, baías, ancoradouros e águas territoriais do Brasil, que estivessem transportando escravos cuja importação no Brasil era proibida pela lei de 1831, ou que tivessem desembarcado escravos, ou que estivessem equipadas para o tráfico de escravos, eram passíveis de apreensão pelas autoridades e navios de guerra brasileiros"*.[163]

Entre os principais artigos da lei destacamos o artigo 1, que diz:

*"A importação de escravos no Brasil era declarada pirataria e os 'autores' do crime — o proprietário, o comandante ou mestre, o imediato e o contramestre de um navio de escravos — bem como os 'cúmplices' — membros da tripulação e indivíduos que ajudassem no desembarque ou que escondessem escravos recém-importados ou que de qualquer maneira obstruíssem a ação das autoridades — eram passíveis de punição de conformidade com a lei de 1831 e com o Código Criminal (artigos 3 e 4); todas as embarcações capturadas seriam vendidas e o produto da venda, dividido entre captores e informantes (se houvesse), enquanto o governo concederia aos captores um prêmio adicional de 40 mil-réis por africano libertado (artigo 5); os escravos capturados seriam ao final reexportados às custas do Estado e, enquanto esperassem, empregados em trabalho supervisionado pelo governo e não, como no passado, alugados a particulares (artigo 6); não seriam concedidos passaportes a navios que se dirigissem à costa da África até que os proprietários assinassem uma declaração de que não praticariam o comércio de escravos e dessem uma garantia igual ao valor do navio e de sua carga, a qual só seria cancelada depois de um período de dezoito meses (artigo 7); todos os casos relativos a embarcações*

*capturadas sob suspeita de tráfico de escravos seriam julgados em primeira instância por juízes especialmente designados em auditorias da marinha, embora as pessoas mencionadas no artigo 3 da lei de 1831, mas não incluídas no artigo 3 da nova lei (isto é, os compradores de escravizados recém-importados), fossem julgadas, como antes, em tribunais ordinários do Brasil (artigos 8 e 9)".*[164]

Era a lei mais dura contra o tráfico de escravos que até então se havia elaborado. Se as incursões inglesas tinham ferido o tráfico de morte, a lei do Império — arrancada a fórceps, verdade seja dita — era a pá de cal.

A abolição definitiva do tráfico só foi possível por conta da pressão inglesa que havia se tornado insustentável, pois o Brasil simplesmente ignorou — como vimos — todos os tratados firmados com a Inglaterra desde 1825. Foi preciso que a Inglaterra invadisse o Brasil para que a questão do tráfico fosse resolvida.

No início de 1850, o plenipotenciário britânico no Rio de Janeiro, James Hudson, escreveu no jornal *Correio Mercantil* uma espécie de defesa da atuação da marinha inglesa no combate ao tráfico de escravos no Brasil, da invasão dos portos, do apresamento e queima dos navios etc. Disse:

*"[...] há muito tempo meu parecer foi que, enquanto uma das partes da convenção do tráfico de escravos de 21 de novembro de 1826 não cumprisse as obrigações que lhe tocassem daquele tratado, a supressão do tráfico de escravos seria objeto de grande dificuldade, se não de impossibilidade para o governo de S. M, e, portanto, que o Brasil devia ser forçado a seguir o espírito de seus ajustes".*[165]

O curioso é que, no Rio de Janeiro, um grupo de pessoas se reuniu próximo ao cais Pharoux para defender os ataques ingleses contra o Brasil. Eram, evidentemente, abolicionistas, antiescravistas que viram no avanço inglês uma das mais fortes oposições ao tráfico de escravos que até então se tinha perpetrado.

No apagar das luzes, com a Lei Eusébio de Queirós, o governo fazia uma tentativa de tingir de verde e amarelo o ato que havia extinguido o tráfico no Brasil, mas que havia sido exclusivamente perpetrado pelas cores vermelha, branca e azul, ou seja, pelos ingleses.

Porém, findo o tráfico, era hora de partir para articular o fim da escravidão.

Outra batalha.

# PARTE II

## O COMEÇO DO FIM DA ESCRAVIDÃO: POR QUE O TRÁFICO CESSOU?

# O PRIMEIRO ELEMENTO FOI A PUNIÇÃO

As leis — como sabemos — são feitas para regulamentar, regrar, condicionar determinados comportamentos a fim de melhorar a vida coletiva e estabelecer punições para as transgressões. No caso do tráfico de escravos, punir os transgressores com os rigores determinados pela lei foi a forma que a Inglaterra encontrou para fazer com que a lei prevalecesse. E foi só romper as relações diplomáticas no campo do combate ao tráfico com o Brasil que as coisas simplesmente aconteceram. Contrabandear escravos ficava cada vez mais difícil, os preços só subiam e o negócio acabou por se tornar — devido aos altos riscos — contraproducente e pouco atrativo.

O Brasil, ao contrário, com uma política de afrouxamento das punições e fazendo vista grossa para o tráfico, incentivava, consequentemente, o desrespeito às leis. Uma das razões, portanto, que explicam o fim do tráfico de escravos a partir de 1850 não foi apenas a promulgação da Lei Eusébio de Queirós, pois esta não passava de mais uma lei; ela está mais relacionada à punição exemplar que os ingleses começaram a impor ao desrespeito às leis anteriores. A Bill Aberdeen não foi revogada com a lei brasileira de 1850; seria revogada somente em 19 de abril de 1869 — sinal aos traficantes de que a vigilância inglesa seria longa e duradoura.

Outra razão foi o descontentamento que surgiu entre alguns escravistas com relação aos traficantes.

O apoio repentino da facção escravista na Câmara, que refletia o pensamento daqueles que ela representava — uma pequena elite de fazendeiros produtores de cana-de-açúcar e café, que se utilizavam de mão de obra escravizada — não se deu por questão de consciência, e sim por uma questão econômica.

Já em 1845, os membros britânicos da comissão mista do Rio de Janeiro tinham percebido e relatado ao governo inglês que *"pode-se dizer que os fazendeiros, como grupo, cultivam as suas terras mais para benefício dos comerciantes de escravos do que deles próprios"*.[166] Esse fenômeno ocorria em consequência da compra de escravos *"com créditos de longo prazo e taxas de juros exorbitantes por um período de muitos anos; muitos estavam pesadamente endividados com os mercadores de escravos ou tinham parcialmente hipotecado a eles as suas propriedades"*.[167]

O governo passou a tratar como questão de Estado as dívidas que os fazendeiros assumiam com os traficantes para a compra de escravos. Esse alto endividamento já começava a causar um efeito devastador, ou seja, as fazendas hipotecadas começaram a ser confiscadas (e em número crescente) ano a ano, à medida que a repressão ao tráfico aumentava e, consequentemente, o preço do escravo.

Muitos fazendeiros perderam suas posses para os traficantes e comerciantes de escravos devido a dívidas impagáveis. A animosidade latente entre traficantes, comerciantes de escravos e fazendeiros era algo a ser explorado. O governo intuiu que havia ali uma forma de começar a criar na Câmara um clima favorável para os fazendeiros se colocarem contra os traficantes e apoiarem o fim do tráfico de escravos.

De outro lado, contra os traficantes levantavam-se também alguns fazendeiros das áreas estagnadas ou em declínio do Norte e do Nordeste, que *"teriam a ganhar com o fim do comércio transatlântico de escravos se estivessem preparados para vender escravos para as áreas cafeeiras em processo de desenvolvimento, onde se podia esperar que a procura por eles — e, com isso, o seu preço — aumentasse fortemente"*.[168]

Da parte do Estado, em fins de 1849, por instruções de Eusébio de Queirós, o chefe de polícia do Rio de Janeiro advertiu os comerciantes de escravos de que o governo estava preparando medidas mais duras contra o tráfico. Para dar força à sua advertência, centenas de escravos foram apreendidos em duas batidas, uma no Rio e outra em Niterói, e, ao mesmo tempo, foram fechados alguns dos depósitos de escravos mais conhecidos na periferia da Capital. Se no mar a Inglaterra já os havia enquadrado, o cerco contra os traficantes se fechava também em terra firme.

As profundas mudanças estruturais na economia, realizadas a partir da elaboração do código comercial, podem ser consideradas mais uma razão. A criação de um código comercial proporcionou um ambiente seguro, favorável e trouxe a segurança jurídica necessária para negócios relacionados ao comércio e à indústria. A expansão da atividade bancária, por exemplo, disponibilizando (no mercado), de um lado, crédito para a expansão e, de outro, a cultura do investimento, do recebimento de juros, de dividendos, foi o motor dessa nova fase da economia brasileira.

O código comercial, a lei 556, foi aprovado em 25 de junho de 1850 e pode ser considerado um lento e gradual processo de mudança na economia brasileira, que buscava se tornar mais diversificada, menos dependente da agricultura — inclusive a receita do Estado — e, consequentemente, mais apta para enfrentar o seu próximo desafio, que seria o fim da escravidão.

A economia, com o fim do tráfico, ao contrário de tudo quanto se postulava, não sofreu nenhum tipo de prejuízo: os números se mantiveram estáveis, e outros até mesmo ampliaram a sua produção.

O valor das importações disparou de 59.165.000$000 em 1850 para 112.141.000$000 em 1855, chegando no exercício de 1864 a 138.095.000$000. O valor das exportações também disparou: partiu de 57.926:000$000 em 1850 para 100.514.000$000 em 1855, chegando no exercício de 1864 a 157.016.485$000. Na ponta dessas exportações estavam justamente os produtos agrícolas, tais como o café, que passou de 9.747.730 arrobas em 1850 para 11.718.558 arrobas em 1859; o açúcar, que manteve entre 1850 e 1859 a média de 8.305.659 arrobas; o algodão, que manteve na década de 1850 uma média de 964.304 arrobas exportadas; o fumo, que elevou sua produção de 362.242 arrobas em 1850 para 759.902 arrobas em 1860; o cacau, que partiu de 190.203 arrobas em 1850 e chegou a 231.017 arrobas em 1855; a erva-mate, que partiu de 254.474 arrobas em 1850 e chegou a 514.764 arrobas em 1855. Curiosamente, a exportação de aguardente — cujo destino principal era a África, onde era trocada por escravos — declinou de 2.709 canadas para 2.000 canadas nos primeiros cinco anos após a lei de 1850.[169]

Se o tráfico de escravos não abalou a produção e a balança comercial, isso significava que quem lucrava mesmo eram os traficantes. A relutância e a demora em acabar com o tráfico mostraram-se injustificadas; o medo era apenas mais uma manipulação, substituído imediatamente pelo aumento da produtividade.

Mas justiça seja feita ao Imperador D. Pedro II, pois o Brasil era uma monarquia parlamentarista onde o rei reinava, mas não governava. O Parlamento brasileiro nunca levou a questão da escravidão a sério, uma vez que era formado ou por uma maioria de fazendeiros ou por seus representantes, seus lobistas. O voto era censitário, determinado que assim fosse na Constituição de 1824 — votava ou era elegível apenas quem tinha renda acima de 100 mil réis, ou seja, pouquíssimas pessoas. Em 1876, por exemplo, apenas 13% da população votavam e, em 1894, já no período republicano, apenas 2,2%. A lei ainda excluía do direito ao voto as mulheres e os analfabetos, que, sendo muitos, abarcavam boa parte da população. Ou seja, com o Parlamento dominado, era quase impossível passar qualquer projeto contrário aos interesses imediatos dos fazendeiros, e certamente a abolição do tráfico de escravos, como depois a abolição da escravidão, era um deles.

D. PEDRO II

# ✴ 11 ✴

# 1860

## UMA BOMBA EXPLODIU NO BRASIL: O DECRETO 3.310

Ao longo de toda a década de 1850, a questão da escravidão no Brasil continuou a ser tratada com pequenas leis, diminutos ajustes, ou seja, de forma tímida. Foram tempos de avanços e retrocessos. No ano de 1852, por exemplo, foram apresentadas duas propostas para considerar livres os nascidos de ventre escravizado. A primeira, na Câmara, no dia 4 de junho de 1852, pelo Deputado Pedro Pereira da Silva Guimarães:

*"[...] são livres, da data da presente lei em diante, todos os que no Brasil nascerem de ventre escravo".*[170] *A segunda é um estudo chamado Sistema de medidas adotáveis para a progressiva e total extinção do tráfico e da escravatura no Brasil, publicado pela Sociedade Contra o Tráfico de Africanos e Promotora da Colonização e Civilização dos Indígenas. Uma dessas diversas medidas previa que "depois da publicação da lei, todos os que nascerem de ventre escravo serão considerados livres".*[171]

Eram paliativos que, se adotados, poderia até ser que resolvessem o problema das gerações futuras, mas e os escravizados atuais?

## O ARTIGO 13

Como vimos, a solução criada pela lei de 1831 para coibir o tráfico, que declarava livres todos os escravos que entrassem no Brasil a partir daquela data, acabou por se tornar um problema de grandes proporções. Era preciso tomar alguma atitude — e a Inglaterra cobrava essa atitude — a respeito dos escravizados conhecidos como africanos livres, dos que se encontravam apreendidos e dos que haviam sido vendidos e estavam espalhados pelas fazendas.

Assim sendo, naquele momento, o governo se via envolvido num imbróglio jurídico causado pela lei de 1831. Tivesse o artigo 13 da lei de 1848 sido aprovado, ou seja, aquele que anulava a lei de 1831, o problema não existiria mais, mas a lei de 1831 continuava em vigor e, portanto, havia uma legião de escravizados trabalhando ilegalmente. A escravidão não era ilegal no Brasil, mas a escravização dos africanos que entraram no país a partir de 1831, sim. O governo começou então a solucionar o problema a partir dos escravos que se encontravam sob a sua tutela. Era uma legião de escravos que, apreendidos ao tentar entrar no Brasil, não haviam sido deportados de volta para a África e estavam na condição de presos, alojados em galpões do Estado.

A solução, segundo Perdigão Malheiro Filho, advogado, escritor e historiador, foi um pouco inusitada:

*"Devendo-se-lhes, pois, dar destino para que não continuassem indefinidamente nos depósitos a que eram recolhidos, o governo resolveu que provisoriamente fossem distribuídos pelos estabelecimentos*

*públicos e também por particulares mediante arrematação dos seus serviços, ficando a cargo destes o cuidado e a educação".*[172]

Por um valor de 12$000 anuais, portanto, aquele que havia adquirido a concessão do escravo podia explorar o seu trabalho como bem entendesse, embora houvesse regras. Para regularizar essa relação foi criado o cargo de curador especial dos africanos livres, pois na prática as regras eram desrespeitadas e os africanos livres acabavam reduzidos à escravidão. Como se pode inferir, um excelente negócio para os concessionários; afinal, o escravizado produzia em um mês de trabalho o custo de sua concessão de um ano. Não era raro que alguns perversos concessionários chegassem ao ponto de *"darem por mortos escravos do mesmo nome que africanos em substituição destes, reduzindo, destarte, à escravidão esses africanos, e de batizarem como escravos os filhos de africanos livres".*[173]

Em 28 de dezembro de 1853, o ministro da Justiça, Conselheiro José Thomas Nabuco de Araújo, expediu o decreto número 1.303, que dizia:

*"Hei por bem, de conformidade com a minha Imperial Resolução de vinte e quatro do corrente mês, tomada sobre consulta da Seção de Justiça do Conselho de Estado, ordenar que os africanos livres, que tiverem prestado serviços a particulares por espaço de catorze anos, sejam emancipados quando o requeiram, com obrigação, porém, de residirem no lugar que for pelo Governo designado, de tomarem ocupação ou serviço mediante um salário."*[174]

A pretensão do governo era ir emancipando os escravizados na condição de livres de forma parcial, sem, por ora, sair em busca daqueles africanos livres que estavam escravizados nas fazendas, para não causar, evidentemente, atritos com os fazendeiros, que ainda eram os donos do poder.

# O DECRETO 3.310

No dia 24 de setembro de 1864, o governo, enfim, baixou o decreto 3.310, expedido pelo ministro da Justiça e presidente do Conselho de Ministros, Conselheiro Francisco José Furtado, "*concedendo a emancipação a todos os africanos livres existentes no Império e foram mandadas entregar as suas cartas de emancipação livres de quaisquer emolumentos*".[175]

Diz o decreto número 3.310, de 24 de setembro de 1864:

"Concede emancipação a todos os Africanos livres existentes no império.

*Hei por bem. Tendo ouvido o Meu Conselho de Ministros, Decretar o seguinte:*

*Art. 1º: Desde a promulgação do presente Decreto ficam emancipados todos os Africanos livres existentes no Império ao serviço do Estado ou de particulares, havendo-se por vencido o prazo de quatorze annos do Decreto número mil trezentos e tres de vinte oito de Dezembro de mil oitocentos cincoenta e tres.*

*Art. 2º: As cartas de emancipação desses Africanos serão expedidas com a maior brevidade, e sem despesa alguma para elles, pelo Juízo de Orphãos da Corte e Capitaes das Provincias, observando-se o modelo até agora adoptado; e para tal fim o Governo na Côrte e os Presidentes nas Provincias darão as necessárias ordens.*

*Art. 3º: Passadas essas cartas, serão remetidas aos respectivos Chefes de Policia para as entregarem aos emancipados depois de registradas em livro para isso destinado. Com ellas, ou com certidões extrahidas do referido livro, poderão os Africanos emancipados requerer em juízo e ao Governo a protecção a que tem direito pela legislação em vigor.*

*Art. 4º: Os Africanos ao serviço de particulares, serão sem demora recolhidos, na Corte à Casa de Correcção, nas Provincias a estabelecimentos públicos, designados pelos Presidentes; e então serão levados* à presença dos Chefes de Policia para receberem suas cartas de emancipação.

*Art. 5º: Os fugidos serão chamados por editaes da Policia, publicados pela imprensa, para que venhão receber suas cartas de emancipação. Se não comparecerem, ficarão as cartas em deposito nas Secretarias de Policia, para em qualquer tempo terem seu devido destino.*

*Art. 6º: Os Africanos emancipados podem fixar seu domicilio em qualquer parte do Império, devendo, porém, declara-lo na Policia, assim como a occupação honesta de que pretendem viver para que possão utilizar-se da protecção do Governo. A mesma declaração devem fazer sempre que mudarem de domicílio.*

*Art. 7º: O filho menor de Africana livre, acompanhará a seu pai, se também fôr livre, e na falta deste a sua mãi, declarando-se na carta de emancipação daquelle a quem o mesmo fôr entregue, o seu nome, lugar do nascimento, idade e quaesquer signaes característicos. O maior de vinte e um annos terá sua carta de emancipação e poderá residir em qualquer parte do Imperio, nos termos do art. 6º.*

*Art. 8º: Em falta de pai e mãi, ou se estes forem incapazes, ou estiverem ausentes, os menores ficarão à disposição do respectivo Juízo de Orphãos até que fiquem maiores e possão receber suas cartas.*

*Art. 9º: Os Promotores das Comarcas, até a plena execução deste Decreto, protegerão os Africanos livres, como curadores, onde os não houver especiaes, requerendo a favor delles quanto fôr conveniente.*

*Art. 10º: O Governo na Côrte e os Presidentes nas Províncias farão publicar pela imprensa os nomes e nações dos emancipados.*

*Art. 11º: Fica revogado o Decreto número mil trezentos e três de vinte e oito de Dezembro de mil oitocentos cincoenta e tres."*[176]

No início dos trabalhos da Câmara do ano de 1865, o ministro da Justiça soltou uma bomba ao comunicar ao corpo legislativo que todos os africanos livres entrados no Brasil a partir de 1831 se achavam emancipados.

Essa lei, que passou tão despercebida na História do Brasil, é talvez mais importante do que a de 1888. Ela praticamente decretava o fim da escravidão no Brasil. Quase a totalidade dos escravizados naquela década de 1860 havia entrado no Brasil depois de 1831. O trabalho escravo, como sabemos, consumia a vida das pessoas em poucos anos. Raríssimos aqueles que ultrapassavam os 40 anos de idade.

Edward Thornton, o novo diplomata inglês no Brasil, entusiasmado com tal ação do governo brasileiro, manifestou o prazer que causara à Grã-Bretanha o decreto de 24 de setembro de 1864. Na Inglaterra, nesse mesmo ano, já havia até quem propusesse abertamente a revogação da Bill Aberdeen, reconhecendo que desde 1853 já não se fazia o tráfico no Brasil. Era um bom sinal, pois as relações diplomáticas entre o Brasil e a Inglaterra estavam rompidas desde 1863 por causa da Questão Christie — impasse diplomático ocorrido entre os dois países no período de 1862 a 1865, fruto de um conjunto de incidentes que culminou com a atuação do embaixador britânico no Brasil, William D. Christie.

Mas a pergunta que fica é: Por que, apesar de tantas leis, a escravidão continuou? Simples: como já havia notado o próprio Eusébio de Queirós na época da lei de 1850, era simplesmente impossível se fazer cumprir a lei nas fazendas.

## A GUERRA CIVIL NORTE-AMERICANA

Como sabemos, a partir de 1850 o Imperador D. Pedro II havia colocado o enfrentamento da questão da escravidão como um dos mais importantes temas do seu reinado. A verdade também é que, entre

1861 e 1865, a Guerra Civil Norte-Americana — conhecida também como Guerra de Secessão — renovara no imperador a sua consciência emancipadora, pois *"ele viu os horrores que a luta provocava nos Estados Unidos, com risco até de desmembrar o país, e receou que o mesmo pudesse vir a acontecer entre nós, se continuássemos a retardar indefinidamente a solução do problema"*.[177]

Em janeiro de 1864, em carta ao Ministro Zacarias, ele escreveu:

*"[...] os sucessos da união americana exigem que pensemos no futuro da escravidão no Brasil, para que não nos suceda o mesmo que a respeito do tráfico dos africanos. A medida que me tem parecido profícua é a liberdade dos filhos das escravas, que nascerem daqui a certo número de anos. Tenho refletido sobre o modo de executar a medida; porém é de ordem das que cumpre realizar com firmeza, remediando os males que ela necessariamente originará, conforme as circunstâncias o permitirem"*.[178]

Em 1864, no entanto, explode a Guerra do Paraguai, de modo que o principal projeto do imperador, que era a liberdade dos nascituros, ficaria em banho-maria até 1870. Outras medidas, secundárias, porém, foram tomadas.

Dada a escassez de soldados para lutar pelo Brasil, por exemplo, D. Pedro II baixa o decreto 3.725 de 6 de novembro de 1866, que concedia gratuitamente liberdade aos escravizados que pudessem servir ao exército na Guerra do Paraguai.

*"Hei por bem. Ordenar que aos escravos da Nação que estiverem nas condições de servir no exército se dê gratuitamente liberdade para se empregarem naquelle serviço, e, sendo casados, estenda-se o mesmo benefício às suas mulheres."*[179]

# OS ADMIRADORES SECRETOS FRANCESES

Em 1867, no discurso do trono, o Imperador D. Pedro II chama a atenção para a questão da escravidão.

*"O elemento servil no Império não pode deixar de merecer oportunamente a vossa consideração, provendo-se de modo que, respeitada a propriedade atual, e sem abalo profundo em nossa primeira indústria — a agricultura — sejam atendidos os altos interesses que se ligam à emancipação. [...] Promover a colonização deve ser objeto de vossa particular solicitude"*.[180]

Essa manifestação de D. Pedro II caiu como um raio e deu uma espécie de *start* definitivo para a questão. Para essa fala, no entanto, havia contribuído uma mensagem que poucos até então sabiam que ele havia recebido (da Junta de Emancipação da França), e que dizia o seguinte:

*"Senhor.*

*No momento em que a república dos Estados Unidos, vitoriosa de uma guerra longa e mortífera, acaba de dar liberdade a quatro milhões de escravos, no momento em que a Espanha parece prestes a ceder a voz da humanidade e da justiça, ousam dirigir a Vossa Majestade um ardente apelo em favor dos escravos do Vosso Império.*

*Sabemo-lo, Senhor, e ninguém na Europa o ignora, que Vossa Majestade é poderoso em Vosso Reino, e a vossa força reside na administração reconhecida e no amor sincero de Vosso povo.*

*Já abolistes o tráfico, mas essa medida é incompleta, uma palavra, uma vontade de V. M. pode trazer a liberdade de dois milhões de homens. Podeis dar o exemplo, Senhor, e tende a certeza de que sereis acompanhado, porque o Brasil nunca olhou a servidão como uma instituição divina.*

*Vozes generosas levantam-se todos os anos nas assembleias, na imprensa, no púlpito, para pedir a abolição. O número dos escravos é menor que o dos homens livres, e quase um terço já existe nas cidades, exercendo ofícios ou servindo de criados, e é fácil elevá-los à condição de assalariados. A emigração dirigir-se-á para as Vossas Províncias, desde que a servidão tiver desaparecido. A obra da abolição, que deve atender aos fatos, interesses, situações, parece menos difícil no Brasil, onde, aliás, os costumes são brandos e os corações, humanos e cristãos.*

*Desejamos a V. M., já ilustre pelas armas, pelas letras, pela arte de governar, uma glória mais bela e mais pura, e podemos esperar que o Brasil não será por mais tempo a única terra cristã afetada pela servidão.*

*Temos a honra de ser de V. M muito humildes e respeitosos servos.*

*Assinado*

*Duque de Broglie (membro da Academia Francesa, presidente honorário da Junta); Guizot (idem); Laboulaye (membro do Instituto, presidente da Junta); A. Cochin (idem, secretário); Andaluz (membro da Sociedade das Artes de Londres); Borsier (pastor); príncipe de Broglie (membro da Academia Francesa); Gaumont; Léon Lavedan (redator do Correspondant); Henri Martin (autor da História da França); conde de Montalembert (membro da Academia Francesa); Henri Moreau (advogado); Edouard de Pressensé (pastor); Wallon (membro do Instituto) e Eng. Yung (redator do Journal des Débats)."*[181]

# JULHO DE 1866

Quase todos os signatários eram homens e/ou (representantes de) instituições. Na verdade, a carta da Junta havia despertado no imperador um duplo sentimento. Ele ficara, por um lado, lisonjeado, por ser conhecido e admirado por homens e instituições tão ilustres, e, por outro lado, envergonhado com a situação em que o Brasil se encontrava no tocante à abolição da escravidão.

O imperador, então, responde aos ilustres colegas da Junta Francesa de Emancipação no dia 22 de agosto de 1866.

*"Aos senhores membros da associação para a abolição da escravatura.*

*Rio, 22 de agosto.*

*Senhores,*

*Tive a honra de levar ao conhecimento de S. M. o imperador a carta na qual manifestáveis os vossos ardentes votos pela abolição da escravatura no Brasil.*

*Encarregado por S. M. de vos responder em seu nome e em nome do governo brasileiro, congratulo-me em poder-vos asseverar que as vossas intenções encontram o mais simpático acolhimento.*

*Cabia, senhores, a vós, cujas nobres expressões se elevam sempre em favor dos grandes princípios da humanidade e da justiça, testemunhar o ardor que empenhais no conseguimento de uma empresa tão grande como difícil, e é com a mais viva satisfação que o governo brasileiro viu que fazeis justiça nos sentimentos pessoais de S. M. o imperador, aos dos membros do ministério, bem como à tendência da opinião pública no Brasil.*

*A emancipação dos escravos, consequência necessária da abolição do tráfico, não passa de uma questão de forma e de oportunidade.*

*Quando as penosas circunstâncias em que se acha o país o conseguirem, o governo brasileiro considerará como objeto de primeira importância a realização do que o espírito do cristianismo desde há muito reclama do mundo civilizado.*

*Aceitai, senhores, a segurança de minha alta consideração.*

*Assinado*

*Martim Francisco Ribeiro de Andrada.*"[182]

Tudo feito em segredo. A resposta do imperador só seria conhecida do público e da maioria dos políticos no Brasil em 1871, quando o imperador já havia retornado da sua primeira viagem à Europa. Foi para os políticos escravocratas um *"raio caindo de um céu sem nuvens"*, e o Senador Furtado declarou na tribuna que *"ninguém esperava um tal pronunciamento. Tocar assim na escravidão pareceu a muitos, na perturbação do momento, uma espécie de sacrilégio histórico, de loucura dinástica, de suicídio nacional. [...] esta carta fora um simples ato de fanfarrice abolicionista, ou de vaidade à cata de louvores, se não trouxesse perigos e pesar ao Estado, no caso de ser cumprida a promessa"*.[183]

Daqui até o final da guerra, tempos conturbados, com uma sucessão de trocas no cargo de primeiro-ministro, adiariam o debate sobre o projeto do imperador.

# A ABOLIÇÃO DA ESCRAVIDÃO NO PARAGUAI

A Princesa Isabel havia se casado poucos meses antes do início da Guerra do Paraguai — em 15 de outubro de 1864 — com Luís Filipe Maria Fernando Gastão, o Conde D'Eu, um jovem francês com ideias liberais, para quem, portanto, a escravidão no Brasil era vista como um insulto ao mundo civilizado. Esse liberalismo do príncipe consorte e da Princesa

Isabel, consequentemente, estava mais em consonância com os novos tempos, surgidos a partir do fim do tráfico, do novo código comercial e da ascensão de uma nova classe social, a dos comerciantes.

No Rio de Janeiro, essa classe de comerciantes tomou impulso vertiginoso e — uma vez provado o fruto do jardim das delícias, ou seja, o enriquecimento — passou a ansiar por algo cada vez mais importante nesse cenário. Esse mundo novo reivindicado por essa nova classe social era nada mais, nada menos, que um mercado consumidor, ou seja, uma massa de trabalhadores assalariados. Essa gente que ascendia socialmente seria a vertente do movimento abolicionista. Assim, o Terceiro Reinado viria a ser formado por um grupo de apoio diametralmente oposto ao que até então, historicamente, vivia à luz do poder; os novos protagonistas, os novos áulicos, os novos palacianos seriam comerciantes, industriais, e não mais fazendeiros escravocratas.

LUÍS FILIPE MARIA FERNANDO GASTÃO DE ORLÉANS, O CONDE D'EU

Em meio à Guerra do Paraguai, o Conde D'Eu foi enviado ao front como comandante em chefe do exército, assumindo o lugar do Duque de Caxias. No final da guerra, no entanto, um ato do príncipe consorte despertou no Brasil amor e ódio. Tratava-se de condicionar o fim da guerra ao fim da escravidão naquele país.

No dia 15 de fevereiro de 1870, a revista *Revue des Deux Mondes* publica que o ato do príncipe tinha a maior significação para o país onde existia a escravidão com todos os seus horrores. Foi considerado um ato precursor para o Brasil.

A revista assim se expressou: *"O jovem príncipe vai coroar a sua laboriosa campanha com uma vitória de outro gênero, que nós consideramos mais importante que os seus sucessos militares."*

Em 12 de setembro de 1869, estando em curso as operações de guerra, o príncipe envia ao governo provisório do Paraguai, constituído desde 15 de agosto, o seguinte ofício:

*"Senhores, em vários pontos do território desta república que eu tenho percorrido à frente das forças brasileiras, em operação contra o ditador Lopez, me foi possível por várias vezes encontrar indivíduos que se diziam escravos de outros e vários desses homens se endereçaram a mim demandando por suas liberdades e dar-lhes um motivo real para se juntar à alegria que a nação paraguaia sente ao ver-se libertada do governo cruel que a oprimia.*

*Conceder-lhes o objeto de seu pedido teria sido uma doce oportunidade para mim de satisfazer os sentimentos do meu coração, se eu tivesse o poder de fazê-lo. Mas o governo provisório de que Vossas Excelências estão encarregados foi felizmente constituído e cabe a ele decidir todas as questões relativas à administração civil do país. Posso, portanto, me dirigir a vós, como faço, para chamar a atenção para os destinos desses infortúnios num momento em que se trata da emancipação de todo o Paraguai. Se vós lhes derdes a liberdade que eles demandam, vós rompereis solenemente com uma instituição que já foi abolida em vários lugares e livrou a América de séculos de despotismo e deplorável ignorância.*

*Em tomando essa resolução, que influenciará a produção e os recursos materiais deste país, Vossas Excelências inaugurarão dignamente um governo destinado a reparar todos os males que causou uma longa tirania, e conduzir a nação paraguaia pelos caminhos da civilização por onde andam os outros povos do mundo.*

*Que Deus guarde Vossas Excelências."*[184]

## GASTON D'ORLÉANS

O jornalista francês Xavier Raymond, saudando a atitude do Conde D'Eu em libertar os escravos no Paraguai, disse:

*"[...] essa é uma vitória moral da humanidade sobre a barbárie e que certamente não valeu menos do que a vitória conquistada por meio dos canhões. E foi mais, foi um compromisso assumido com o Brasil, onde existem mais de 1.800.000 escravos aos quais o Príncipe se obriga solenemente. Argumentamos que ele logo estaria nesta obra generosa por honra de seu país de adoção. [...] Com base nisso acreditamos que podemos dizer que nasceu na América do Sul uma nova ordem política, pois em breve nascerá ali uma ordem social por meio da abolição definitiva da escravidão. É a liberdade em todas as suas formas, praticadas em todas as direções onde se exerce a atividade da alma humana que deve doravante conduzir o mundo".*[185]

A essa carta o governo provisório do Paraguai respondeu em 2 de outubro com um decreto com quatro artigos, que ordenava a abolição imediata e completa da escravidão em todo o território da república.

Diziam os paraguaios:

*"GOVERNO PROVISÓRIO*
*Assunção, 7 de outubro de 1869.*

*Os membros do governo provisório com sumo prazer leram o ofício da Vossa Alteza de 12 de setembro último. Dando-lhe toda a consideração devida, resolveram expedir o decreto junto, e recomendaram-me que, na qualidade de encarregado dos negócios estrangeiros, eu expusesse a Vossa Alteza as circunstâncias de que julgaram dever ser acompanhado esse ato administrativo. Cumprindo tão grato dever, apresso-me em assegurar a Vossa Alteza que não podia dirigir-se ao governo provisório sobre assunto mais conforme aos princípios e sentimentos de todos os seus membros. Tratava já este governo de realizar o pensamento da emancipação dos escravos, o ofício de Vossa Alteza veio dar-lhe mais pressa.*

*Desejando, pois, oferecer a V. A. uma prova eloquente da alta estima que merecem os sentimentos que então V. A. manifestou, resolveu que a inclusa cópia do referido decreto, destinada a V. A., seja assinada por seus membros, como sincero, embora fraco testemunho dos antecedentes que o produziram e dos sentimentos que lhe ditam o maior respeito à pessoa de V. A. julgando ter interpretado o pensamento do governo provisório. Aproveito-me da oportunidade para oferecer a V. A. as seguranças de minha mais distinta consideração. A sua alteza real o sr. Conde D'Eu, general em chefe do exército brasileiro.*

*Carlos Loyasa."*

O decreto dizia o seguinte:

*"Considerando: Que é incompatível a existência da escravidão com os princípios de liberdade, igualdade e justiça que o Governo proclama e se propõe a difundir e defender no país;*

*Que a escravidão, instituição anticristã e criminal, é um triste legado do passado, e que só poderá perpetuá-la a bárbara tirania que pesou sobre este país;*

*Que, finalmente, semelhante instituição para ser respeitada exigiria o emprego de meios coercitivos e violentos, que são inteiramente impossíveis na época atual, quando a república livre ergue-se regenerada para trilhar a senda que altos destinos lhe abrem, decreta:*

*Art.1º: Fica desde hoje abolida totalmente a escravidão no território da república.*

*Art.2º: Seis meses depois de promulgado o presente decreto será igualmente livre todo indivíduo, qualquer que seja a sua condição anterior, pelo único fato de ter pisado o território paraguaio.*

*Asunción, 2 de outubro de 1869. Ano primeiro da liberdade da república paraguaia. Carlos Loyasa e Jose Dias de Bedoia."*[186]

Esse viés abolicionista e antiescravista do Conde D'Eu e da Princesa Isabel vai despertar no Brasil uma espécie de ranço para com o príncipe consorte e a herdeira do trono.

O avanço das políticas antiescravistas do Imperador D. Pedro II vai despertar o surgimento, a partir de 1870, de um forte movimento republicano.

Em 3 de dezembro de 1870 é fundado, no Rio de Janeiro, um Clube Republicano e um jornal, que publica um forte manifesto a favor da república.

O Partido Republicano paulista viria a ser fundado logo depois, em 1873.

# ✳ 12 ✳

## 1866

## O RAME-RAME DAS CÂMARAS E A VELHA PROCRASTINAÇÃO DE SEMPRE

Na esteira dos anseios da Junta Emancipatória Francesa e evidentemente por convicções pessoais do imperador, já em 1866 D. Pedro II e Pimenta Bueno, o Marquês de São Vicente, elaboram o esboço de alguns projetos para serem apresentados à Câmara.

Na apresentação do projeto, percebe-se que já havia no Brasil uma consciência bem formada sobre a necessidade de se abolir a escravidão. Nela, consta a seguinte reflexão:

*"Seria ocioso analisar como essa fatal instituição corrompe a moral da sociedade, retarda o aperfeiçoamento do trabalho, afrouxa o vigor da liberdade política, enerva, enfim, o progresso em suas variadas aspirações. O quadro patente de uma porção da humanidade, cuja vida, família, honra, religião, destinos, tudo é posto e pendente do arbítrio dos seus absolutos dominadores. O homem desterrado de todo o progresso, reduzido a máquina, simbolizando a obediência cega, senão*

*a vítima da tirania. O século atual, armado da força irresistível da inteligência, do clarão crescente das ciências, revoltou-se, o indignado abriu hostilidade rigorosa contra esse injustificável abuso da força. De ano em ano tem ele derrubado, e continua a romper, todos os obstáculos que o interesse tem oposto, em diferentes Estados, contra a voz da humanidade e da moral. [...] E essa extinção vai se operando sucessiva e rapidamente. [...] Resta só o Brasil; resta o Brasil só! E os numerosos recursos de graça, que anualmente sobem aos pés do trono, dolorosamente atestam o movimento surdo do vulcão que trabalha em seu interior. [...] A questão não é de liberdade de ação, essa já está decidida. Já está decretado que o abuso há de expirar, e sem muita delonga. A única questão possível é de quando, e o modo mais ou menos inteligente, ou previdente, ou prejudicial. [...] Na verdade, se a transformação for bem prevista e bem dirigida, passado algum tempo, cessará o desânimo, ressuscitará a coragem, e, após esta, a regeneração, o trabalho mais inteligente, o melhoramento dos processos agrícolas, os hábitos de economia, a honra do trabalho, o aperfeiçoamento dos costumes, a energia política. [...] É tempo, Senhor, de ver de frente a necessidade, medir sua gravidade em toda a extensão, e preparar as ideias, os recursos, os meios de salvamento."*[187]

A redação e os projetos, embora tenham sido apresentados e levassem a assinatura de Pimenta Bueno, foram certamente frutos de debates e de conversas e acertos com o imperador. É bastante presente a mão de D. Pedro II nas entrelinhas do texto, e Joaquim Nabuco deu sobre isso as mais convincentes provas circunstanciais:

*"Segundo toda probabilidade, essa tarefa lhe foi incumbida pelo imperador: Pimenta Bueno é o redator imperial. De Pimenta Bueno não se sabe, antes disso, nenhum impulso abolicionista; do imperador há a sua constante atitude (quando não fosse senão a reserva) em relação à escravidão. Nem se pode explicar como de repente, sem nenhuma*

*circunstância conhecida, que o convertesse às ideias, nesse tempo, apenas de Jequitinhonha, Silveira da Mota, Perdigão Malheiro, Tavares Bastos e poucos mais entre os nomes conhecidos do país, Pimenta Bueno podia aparecer em São Cristóvão sobraçando cinco projetos."*[188]

O projeto era do imperador.

## CRISE POLÍTICA E PROCRASTINAÇÃO

Depois de organizado um projeto, a Guerra do Paraguai acabou por monopolizar as preocupações e os debates. Entre 1866 e 1870, houve uma imensa crise política que atrapalhou e procrastinou o andamento do projeto do imperador. Na verdade, toda vez que se falava em escravidão começava o corpo mole, como sempre.

Mas D. Pedro II sabia que, em matéria de política e sobretudo a questão da escravidão no Brasil, *"a linha reta não era o caminho mais curto de um ponto a outro"*, e ele chegou a dizer para Zacarias de Gois, que assumia o ministério no lugar do Marquês de Olinda: *"Não desisto do projeto do elemento servil, para ser apresentado em tempo oportuno."*

Começava então o rame-rame de sempre. Zacarias não nutria ideias abolicionistas e se limitou a encaminhar a questão dos escravizados na direção desejada pelo imperador, ou seja, fazer com que os projetos fossem afinal submetidos ao exame do Conselho de Estado, que por sua vez deu parecer favorável, aceitando *"as ideias capitais dos projetos. Apenas divergia na fixação do prazo para a abolição total [...] opinava também que só se iniciasse a discussão dos projetos no Parlamento depois de terminada a guerra com o Paraguai, e propunha, ainda, a elaboração de um projeto definitivo, o qual deveria ser submetido oportunamente à apreciação das câmaras"*.[189]

Em 1868, em função de desentendimentos com o imperador acerca do Paraguai, Zacarias de Gois foi substituído pelo Visconde de Itaboraí, que começaria então do zero o trâmite da questão dos escravizados. Mas Itaboraí temia que a emancipação dos nascituros provocasse *"assassinatos, insurreições mais ou menos extensas, e quem sabe mesmo a guerra civil"*.

D. Pedro II lembrou ao ministro:

*"[...] por ocasião da anterior sessão legislativa, concordara com que não se tocasse no assunto, em consequência do estado de guerra; mas desaparecido esse obstáculo, agitando-se a opinião em favor da emancipação, era preciso encaminhá-la e tranquilizar os proprietários rurais. Caso o gabinete não quisesse propor a liberdade do ventre, ao menos deixasse declarar na fala do trono que se cuidava da questão"*.[190]

Diante das idiossincrasias, o ministério foi novamente mudado. Saiu Itaboraí e entrou o autor dos projetos, Pimenta Bueno, o São Vicente. Em menos de três meses, outra mudança no ministério: saía São Vicente e entrava Rio Branco, em 1871, que, *"conhecedor como poucos do ambiente parlamentar, ninguém era mais indicado do que ele para enfrentar e levar de vencida a formidável oposição parlamentar que se levantava naquela sessão de 1871 contra os projetos emancipadores de escravos"*.[191]

# 13

# 1871

## O TRÂMITE E A APROVAÇÃO DA LEI DO VENTRE LIVRE

Foi logo depois de terminada a guerra que D. Pedro II resolveu vencer a obstinação dos ministros e encaminhar a questão da escravatura para uma solução prática e definitiva: a liberdade dos nascituros. A partir daquela lei, o imperador queria que ninguém mais nascesse escravizado no Brasil.

Na fala do trono de 3 de maio de 1871, ele chama a atenção dos deputados para a lei que tramitaria na Câmara naquele ano e apela para a sua aprovação.

*"Considerações da maior importância aconselham que a reforma da legislação sobre o estado servil não continue a ser uma aspiração nacional indefinida e incerta.*

*É tempo de resolver esta questão, e vossa esclarecida prudência saberá conciliar o respeito à propriedade existente com esse melhoramento social que requerem nossa civilização e até o interesse dos proprietários.*

*O governo manifestar-vos-á oportunamente todo o seu pensamento sobre as reformas para que tenho chamado a vossa atenção.*

*Augustos e digníssimos senhores representantes da nação, a estabilidade de nossas instituições e a prosperidade do Brasil muito vos devem. Confio que, examinando com o mais decidido empenho os projetos que vos serão apresentados, habilitareis o governo para realizar, quanto esteja ao seu alcance, o bem de nossa pátria."[192]*

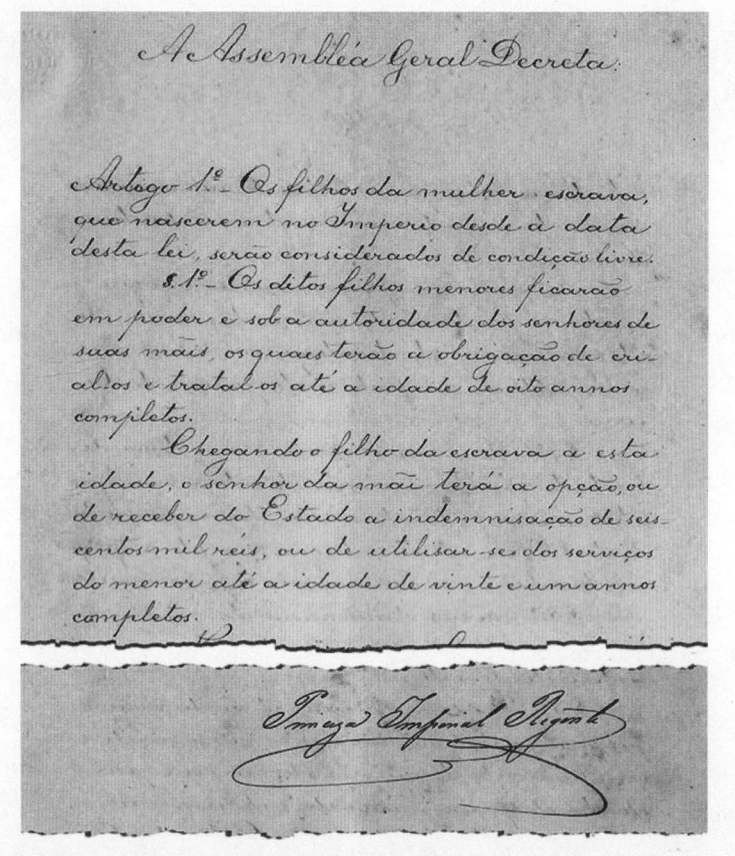

A VERSÃO ORIGINAL DA LEI DO VENTRE LIVRE, ASSINADA PELA PRINCESA ISABEL (AGÊNCIA SENADO)

# TRAMITAÇÃO DO PROJETO DO VENTRE LIVRE

No dia 12 de maio, o projeto é lido, e no dia 15, uma comissão com cinco membros é formada com os deputados Luiz Antônio Pereira Franco, Joaquim Pinto de Campos, Raymundo Ferreira de Araújo Lima, João Mendes de Almeida e Ângelo Tomás do Amaral. No dia 30 de junho, a comissão emite o seu parecer:

*"A comissão que de vós recebeu a honrosa e espinhosíssima incumbência de emitir parecer sobre a proposta apresentada a esta augusta Câmara pelo Poder Executivo vem desempenhar-se do encargo. Ponderou atentamente a questão em si mesma, os variados alvitres que para a solução dela hão sido suscitados; mediu, quanto nas forças lhe cabia, inconvenientes e vantagens das providências lembradas; estudou no livro mestre da experiência de outras nações, e quanto possível da nossa, as circunstâncias a que urgia atender; e firmou a opinião que segundo a proposta do governo [...].Cumpre atacar e resolver a questão, e já [...] a necessidade de nos sentarmos em pé de igualdade no convívio das nações. [...] A liberdade é direito do homem, natural, congênito, inauferível. A escravidão coloca uma vasta porção de homens numa classe de vencidos, de párias, de vítimas. Nasceu de um abuso da força, e esta depravada origem pode sim explicar fatos, não consagrar direitos [...]".*[193]

Nos dias 29, 30 e 31 de maio, houve um acalorado debate na Câmara sobre o projeto que se iniciou com uma tentativa de obstrução do andamento do mesmo por meio da apresentação de uma emenda de autoria do Deputado Paulino de Souza.

*"[...] fez com que me surpreendesse ao ver apresentar-se aqui o gabinete querendo resolver, precipitadamente, sem dados, sem estudos, sem preparação, chamando a si toda a responsabilidade, uma questão*

*da ordem daquelas em que o governo tem, não direi uma missão de resistência, mas com certeza o dever da reserva para dirigir convenientemente a opinião pública, depois de elaboração prolongada e de se achar ela claramente formulada. [...] vem já resolver a questão pelo modo constante da proposta aqui apresentada. [...] A Inglaterra chegou a decretar a emancipação? Foi depois dos estádios percorridos desde 1792 até 1838; foi depois de feitos todos os estudos e de se terem estabelecido durante muitos anos todas as medidas necessárias para gradual e lentamente chegar-se àquele resultado [...] os governos das metrópoles europeias limitaram-se sempre circunspectos a estudar a questão, a preparar o terreno, a dispor os interessados. Acompanharam sempre prudentemente a opinião e não deram logo golpes decisivos como quer fazer o gabinete antes de qualquer preparação, de proceder a inquéritos e estudos [...] com que prudência e circunspecção não deve considerar esta matéria o governo do Brasil, onde o elemento servil existe no Império, e para acautelar perigos e perturbações de toda a sorte que hão de resultar de medidas como as da proposta estabelecendo distinções de condição na mesma classe, na mesma família, alterando relações que fazem parte do modo de ser de nossa vida social, interpondo na vida doméstica a autoridade pública entre os servos e o chefe de família, desmoralizando-lhe a ação e destruindo toda a obediência e disciplina? [...] Mas a abolição da escravidão importa entre nós uma profunda transformação da vida social e entende não só com direitos preexistentes à constituição do estado, respeitados e garantidos por ela, mas ainda com interesses essenciais da ordem pública. Para conseguir essa abolição cumpre proceder muito cautelosa e lentamente, de modo que nem se ofendam aqueles direitos, nem se ponham em sobressalto os proprietários rurais e os interesses numerosíssimos e legítimos que estão ligados com os desta importantíssima classe da nação. Cumpre que não se estanquem, nem mesmo se desunam as fontes da produção e, por conseguinte, da renda pública [...]. Se as medidas que se tomarem ou pretenderem tomar para resolver o dificílimo problema da emancipação forem precipitadas, se não vierem precedidas de meios indiretos e preparatórios, se não se conformarem com a opinião da grande parte dos Brasileiros, receio muito que elas sejam seguidas de grandes desastres e quem sabe se de tremendas catástrofes! [...] mas procurar resolvê-lo precipitadamente não; nós não o faremos. [...] não promove medida alguma direta sem os dados estatísticos necessários para conhecer-se qual a população servil do Império, sua classificação por sexos, idades e profissões; sem conhecer qual o movimento dos nascimentos e óbitos anualmente, e a relação desta com a outra parte da população; sem obter outros esclarecimentos que se empenhará em reunir, sem que sejam ouvidos por meio de inquérito os homens competentes e os interessados; sem possuir, enfim, os elementos de um juízo seguro e indispensável para assentar-se no ponto de partida, que é tudo nesta questão [...]. Discutindo-se um projeto de libertação dos escravos da coroa, manifestei-me sobre a questão no sentido de adiar-se por enquanto o parecer da comissão, e declarei, por parte do governo, de que fazia parte, que nem uma medida direta podíamos então admitir. [...] da questão a que tenho aludido, são o direito individual de propriedade [...]".*[194]

Em artigo, o *Jornal do Commercio* recomendava ao governo "*a maior prudência e descrição*". Escreveu:

"*Em presença desse fato a geração atual pode erguer altiva a cabeça e declinar responsabilidade do passado, mas não tem o direito de, levada por irrefletido desejo de glória, por pueril entusiasmo, comprometer o futuro de um país diante do qual se abrem os mais vastos e brilhantes horizontes. Não se derriba impunemente a árvore secular que profundou raízes na terra, no lugar do tronco violentamente arrancado abrir-se-ia um abismo, cuja extensão não se pode previamente sondar e o solo revolvido em largo espaço não ofereceria ainda tempo depois, apoio a sólidas construções.*"[195]

Paulino de Souza propõe então a seguinte emenda ao projeto:

*"A decretação de qualquer providência sobre assunto de tanto momento, é o primeiro passo na obra difícil de uma transformação social, que, sendo muito para desejar, não pôde contudo operar-se senão gradual e lentamente com resguardo de direitos que se criaram à sombra da lei, têm sido até hoje por ela protegidos e merecem o maior respeito do legislador [...] realizada por meio de medidas cautelosas e prudentes, sem abalo social, sem contingências para a segurança pública, sem prejuízo da riqueza nacional e particular, a emancipação do elemento servil ateste às gerações vindouras a sabedoria que tem inspirado e dirigido os grandes atos do feliz reinado de V. M. Imperial."*[196]

A estratégia da oposição era usar o mesmo *modus operandi* de sempre, acusar o governo de impor às Câmaras um projeto, assim como acusaram D. Pedro I — como vimos em 1826, em função do acordo com a Inglaterra. A Câmara não propunha nada, e quando o governo fazia algo era acusado de atropelar a Câmara. Encarregado de fazer a defesa do governo no debate da Câmara, então falou o presidente do Conselho dos Ministros, José Maria da Silva Paranhos, o Visconde do Rio Branco:

*"Senhores, a resposta à fala do trono diz apenas que a câmara entende que esta matéria é digna de consideração, e que a proposta do poder executivo não será condenada sem debate, sem que os ministros sejam ouvidos e possa conhecer-se de que lado está a verdade e o erra. Os ministros têm asseverado, nas duas casas do parlamento, que desejam uma discussão franca sobre esta proposta e que aceitarão as modificações que a sabedoria das câmaras possa indicar, desde que sejam convencidos da sua utilidade [...]. O que propõe a ilustrada comissão do voto de graças? [... que] a câmara dos deputados, senhor, está convencida de que a reforma da legislação sobre o estado servil não pode continuar a ser uma aspiração nacional indefinida e incerta.*

[...] *Qualquer melhoramento que se faça sobre este assunto, será sem dúvida uma aurora de regeneração para as gerações vindouras. A comissão, dizendo que aguarda as outras propostas, não quer significar que aceita a que já foi apresentada, mas tão somente que aguarda aquelas de que ainda não teve conhecimento e que houverem de ser apresentadas à câmara* [...] *que abandone a ideia de que a câmara deve desde já, e sem debate, condenar a proposta do poder executivo por um voto de desconfiança ao gabinete* [...] *estamos dispostos a aceitar o trabalho* [... o projeto] *não exprime senão o reconhecimento por parte da câmara dos Srs. deputados, da necessidade de não entregar a solução de tão importante assunto à mercê dos acontecimentos, ao tumulto das paixões, ao conflito dos interesses e à animosidade dos partidos* [... o governo apenas formulou uma proposta exercendo] *um direito, que compete ao poder executivo, e exercemo-lo com toda lealdade e cortesia para com a câmara* [...]. *A câmara pode rejeitar, emendar ou aprovar a proposta do governo, decidindo a respeito dela como julgar em sua sabedoria; mas o governo, exercendo um direito que lhe dá a constituição, não pratica nenhum ato que possa nem de leve ofender o melindre da câmara dos Srs. deputados* [...]. *O gabinete* [...] *cedeu a essa força invisível, mais poderosa, a da opinião pública, porque os delegados do governo nas províncias, as assembleias provinciais que são independentes do governo, as associações particulares, tudo enfim revelava bem claro o sentimento público, que dizia: É tempo de iniciar esta regeneração para o nosso país.* [...] *essa demasiada prudência de alguns, esse aferro aos hábitos, ao status quo, é que provocam as soluções violentas.* [...] *Nós conhecemos a história desta questão nos Estados Unidos, conhecemos a relutância dos Estados do Sul, e sabemos quais foram as consequências de se não procurar em tempo a solução que podia conciliar os interesses dos proprietários com os de toda a sociedade* [...]. *'Essa fermentação dos espíritos, esse pronunciamento da opinião pela imprensa, nas câmaras legislativas, no governo, provam evidentemente uma necessidade a satisfazer, um grande mal que insta pelo remédio. Felizmente, e graças ao Onipotente, o governo e o Imperador estão atualmente à testa da cruzada. E nós, muito pequenos em nossa humilde individualidade, apenas diremos: Coragem, avante, que todos os bons brasileiros vos seguirão, perseverança e prudência'.*"[197]

O projeto do governo colocava tão somente o pensamento de que era hora de considerar resolver parte dessa questão.

Falou um dos relatores da comissão que aprovou o projeto, o Deputado Junqueira:

*"Se os ilustres deputados entendem que alguma coisa se deve fazer neste sentido, no sentido da emancipação lenta gradual do elemento servil, como querem trancar todas as portas? Nós temos dous caminhos, dous pórticos a transpor: n'um está o presente enganoso e o futuro prenhe de perigos [...] n'outro existe o caminho difícil a princípio, mas depois largo e desimpedido [...]. Nós devemos ter a coragem, direi mais, é nosso dever indeclinável assumir a responsabilidade desta questão [...] a oposição que fazem os nobres deputados se eles declarassem que na questão do elemento servil não se deve fazer a menor concessão [...]. 'Vós não concordais com a comissão, vós quereis que se perpetue o status quo [...]. Vós também contribuístes para perpetuar a escravidão no Brasil; vós também contribuístes para que nem a organização do trabalho nem a civilização pudessem ser uma realidade no Brasil.' Não quero que nesse país se ouça a voz das futuras gerações que digam que a câmara dos deputados em 1871, levada por um sentimento egoísta, não querendo encarar de frente o perigo, não querendo fazer a menor concessão, querendo somente conservar o que achou, manteve-se em criminosa apatia, e nada fez; que deixou acumularem-se as dificuldades e que desconheceu as grandiosas aspirações do país, não lhe preparando um futuro mais seguro e mais próspero [...]. Não serão os nobres deputados, por mais eloquentes que sejam as suas vozes, não será esta*

*oposição que de há pouco se tem levantado, que pode fazer retroceder essa questão [...]. Do contrário, desertaremos de nossa bandeira, cometeremos um crime perante a nação e perante a história [...]. Por mais respeitável que seja a propriedade atual, não temos o direito de trancar as portas do futuro às gerações que vêm; não temos esse direito [...] penso que a regeneração da nossa agricultura está no estabelecimento de pequena lavoura, da lavoura dos braços livres, da associação entre o capital e os braços [...]. 'Nós devemos muito a nossos pais, pois eles desprenderam-se de certas considerações egoísticas e elevaram bem alto o destino do nosso país. Fizeram pacificamente uma revolução fecunda na organização do trabalho e nas relações sociais.' A prosperidade agrícola, a segurança pública e particular, a riqueza, tudo o que nossos filhos e netos hão de gozar há de ser devido em grande parte ao nosso procedimento atual. Se não fizermos assim, em lugar de legarmos aos nossos descendentes essa prosperidade futura e os verdadeiros sentimentos da civilização, havemos de legar-lhes a desgraça, a miséria, o atropelo geral de todas as ideias sãs e civilizadoras."[198]*

O Deputado Pereira da Silva sai em defesa dos escravistas na Câmara nos seguintes termos:

*"Convém, portanto, marchar com toda cautela, prudência e tino. [...] Trata-se, de um país cultivado geralmente por escravos, que não tem indústria notável que não seja, senhores, a agrícola. A agricultura é a base principal se não quase a única da riqueza pública no Brasil [...] essas propriedades não têm por instrumento de trabalho senão o braço do escravo. Preparastes meios para substituir esses instrumentos da produção a fim de que ela não paralise, se é que não cesse? [...] Já preparastes esses elementos indispensáveis, para como haveis facultado operar sobre o conhecido, e não sobre o desconhecido e ignorado? [...] fazer essa reforma, essa transformação, essa grande, enorme, temerosa revolução social, sem ouvir as vozes dos interessados, sem lhes atender*

*aos justos reclamos, e de um só golpe, com uma só lei, de uma só vez? [...] É pretender fazer descer de cima a solução de um assunto que pertence à nação, em vez de baixo subir a reclamação necessária dos interesses públicos para ser satisfeita. É tornar o governo tudo, as câmaras nada, o país nada."*[199]

Era esse o espírito, ou seja, aprovar uma lei, na verdade, bem conservadora. Joaquim Nabuco denominou e qualificou a lei como paternalista, pois *"respeitou o princípio da inviolabilidade do domínio do senhor sobre o escravo, e não ousou penetrar como se fora um local sagrado, interdito ao próprio Estado, nos ergástulos agrários"*.[200]

Disse ele em sua análise:

*"O primeiro projeto era o que estabelecia a liberdade dos nascituros. O projeto decretava a extinção da escravidão, com indenização dos senhores, no dia 31 de dezembro de 1899. Os cinco projetos formavam um sistema de emancipação filantrópico, insensível, tutelar; uma tentativa para melhorar a condição dos escravos, e não para eliminar a escravidão, por meio dessa proteção que ele cria para o escravo. Pode-se caracterizar a disposição de S. Vicente dizendo que era tornar a escravidão patriarcal, regulamentá-la, antes do que aboli-la"*.[201]

No dia 1º de junho, a emenda de Paulino foi rejeitada por 63 contra 35 votos. A partir de então começa o debate do projeto que será analisado artigo por artigo, sempre com calorosos debates nos meses de junho, julho e agosto.

No dia 28 de agosto de 1871, o projeto é aprovado na Câmara dos Deputados por 61 votos a favor e 35 contra.

No dia 29 de agosto, o projeto foi lido no Senado e foi constituída uma comissão. Os debates se deram entre os dias 4 e 22 de setembro. José de Alencar denunciou o período de gestação da lei de 1871, ou seja, os anos 1866, 67, 68 e 69, nos seguintes termos:

*"Não se trata de uma lei, trata-se de uma conjuração do poder. Desde 1867 que o poder conspira, fatigando a relutância dos estadistas chamados ao governo, embotando a resistência dos partidos; desde 1867 que se prepara nas sombras este golpe de Estado, que há de firmar no país o absolutismo ou antes desmascará-lo."*[202]

Segundo Joaquim Nabuco, a ação individual do imperador foi empregada, sobretudo depois de 1845 até 1850, em favor da supressão do tráfico, resultando, naquele ano, nas medidas de Eusébio de Queirós, e de 1866 a 1871 em favor da emancipação dos nascituros, resultando neste último ano na Lei Rio Branco. É fato que o imperador, se quisesse escrever suas memórias e contar o que se passou com os diversos gabinetes dos dois períodos, poderia reunir historicamente um sem-número de provas. A sua parte no que foi feito é muito grande, quase mesmo essencial, porquanto ele poderia ter procedido assim com outros homens e por outros meios, sem receio de revolução.

De fato, cinco meses depois de subir ao poder — após uma luta talvez a mais encarniçada e a mais violenta que jamais houve no Parlamento do Império —, Rio Branco conseguiu submeter à assinatura da princesa imperial regente a lei de 28 de setembro de 1871, chamada desde então Lei do Ventre Livre.

## O FUNDO DE EMANCIPAÇÃO

A lei "2.040 declarava de condição livre os filhos de mulher escrava, que nascessem desde a data desta lei, libertos os escravos da Nação e outros, e providenciava sobre a criação e tratamento daqueles filhos menores e sobre a libertação anual de escravos".[203]

O artigo 6º da lei declarava livres os escravizados pertencentes à nação, ou seja, os que trabalhavam de algum modo para o Estado.

Nesse sentido, a Princesa Isabel, que estava em sua primeira regência, e o imperador em sua primeira viagem à Europa, baixa o decreto 4.815 de 11 de novembro de 1871, dando instruções para a execução do artigo 6º da lei.

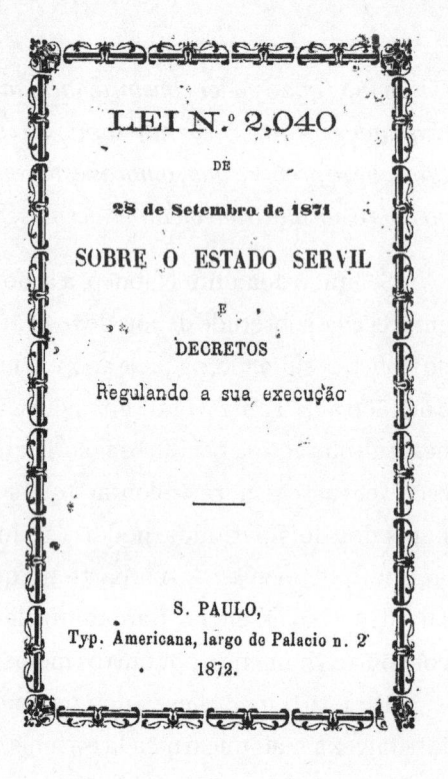

*Art. 1º: Passar-se-á carta de liberdade a cada um dos escravos que pertenceram ao domínio do Estado e que a Lei nº 2040 de 28 de Setembro último, art. 6º, § 1º, mandou declarar libertos [...].*

[...]

*Art. 3º: Esses libertos poderão continuar nos mesmos serviços em que agora se acham empregados, sob as condições que corresponderem ao seu novo estado civil. O Governo fixará os salários ou vantagens dos que servirem em estabelecimentos públicos [...].*

O artigo 8º da lei de 1871 visava obter uma estatística dos escravizados do Brasil e onde eles se encontravam, e determinava que fossem matriculados nas repartições fiscais dos municípios entre os dias 1º e 30 de abril de 1872, que acabou por fim se estendendo até 1876. Para cada matrícula o senhor pagaria uma taxa de 500 réis, que seria revertida para o fundo emancipatório. Para os escravizados não matriculados no prazo, a taxa subiria para

1.000, e os flagrados sem registro, decorrido um ano do prazo final, seriam considerados livres.

Em São Paulo, por exemplo, no ano de 1872 foram matriculados apenas 933 escravizados; em 1873, 82.843; em 1874, 169.964; e em 1876, 154.861. No Rio de Janeiro, em 1872, nenhum escravizado foi matriculado; em 1873, 207.709; em 1874, 304.744; e em 1876, 278.212. Na Bahia, em 1872, 67.025; em 1873, 103.095; em 1874, 173.639; e em 1876, 165.403. A resistência em efetuar a matrícula estava justamente no fato de que, analisando as estatísticas, ficaria constatado o que todo mundo sabia, ou seja, todos ou a imensa maioria dos escravizados no Brasil eram ilegais.

Em 1875, já haviam sido matriculados, em todo o país, de acordo com os relatórios do Ministério da Agricultura, 1.419.960.

Após o processo de matrícula haveria um novo processo, o de classificação dos escravizados matriculados, e de acordo com os critérios seriam separados aqueles elegíveis para serem emancipados pelo fundo.

As matrículas serviriam para definir os critérios de emancipação definidos na lei: seriam libertadas primeiro as famílias e depois, de forma individual à medida que o orçamento fosse permitindo, o escravizado.

A composição financeira do fundo estava definida em lei; além da taxa de matrícula, havia imposto sobre venda de escravizados, loterias, quotas empenhadas pelo orçamento geral e das províncias e das multas da violação da lei.

A emancipação se dava por meio da convocação dos senhores e dos escravizados, da arbitração do valor e do pagamento da indenização ao senhor.

Essa era a intenção da lei, porém, como estamos no Brasil, senhores mancomunados com os juízes que faziam o arbitramento começaram a superfaturar o valor dos escravizados de 800 mil para dois contos de réis, por exemplo, a fim de ganhar em cima dessas emancipações.

Desse abuso, ou no intuito de coibir tais abusos, vão surgir, como veremos, as leis que regulamentam o preço e a Lei dos Sexagenários, de 1885.

## UMA VITÓRIA DO IMPERADOR

A imprensa repercutia as discussões na Câmara e no Senado, e o que se percebe a partir daqui é a existência de um partido abolicionista. Uma elite de fazendeiros que se beneficiava do trabalho escravo era uma parcela diminuta, mas poderosa, da sociedade, e se elegia ou fazia eleger os homens que redigiam as leis — os deputados e senadores. O povo era vítima desse sistema eleitoral censitário que elegia apenas aqueles que defenderiam os interesses da minoria escravista. Pelos jornais dá para ver que o povo mostrava-se favorável às reformas. Havia um forte sentimento antiescravista no Brasil já em 1870.

Paulino de Souza disse que na Inglaterra se levou adiante a questão da abolição porque havia uma opinião pública tão forte que era capaz até de inverter o sentido da correnteza do Tâmisa se desejasse, mas que no Brasil não havia tal força na opinião pública e que o governo tentava criar uma opinião pública artificial, por meio da imprensa, favorável ao projeto.

Vejamos o conteúdo de ao menos dois jornais. No *Jornal do Commercio* saiu um artigo que dizia:

*"O grupo dissidente prefere os expedientes ilegítimos, é uma oposição manifestamente sistemática, hostil, perturbadora porque não quer resignar-se a sua impotência, é evidentemente irreconciliável, prevenida, porque não se desarma ante as conveniências públicas. Quem, lendo os discursos dos dissidentes manifestadamente fora da matéria da discussão, não se convence de que eles só querem esgotar o tempo? Em tudo é consumido*

o tempo, urgências intempestivas, interpelações vãs. Caminhe-se e deixem que os dissidentes gritem. A reforma é urgente, é essencial, é indeclinável, cumpre, portanto, que seja feita, o país reclama."[204]

O jornal *Crônica Parlamentar* assim se manifestou:

*"Depois da abolição do tráfico de escravos, o maior acontecimento que este século poderá registrar, em honra da nação brasileira, é o da abolição da escravidão. Felizmente está iniciada essa grandiosa reforma. O povo brasileiro compreendeu que não podia isolar-se do mundo civilizado perpetuando o domínio do homem sobre o homem. Se for adiada a solução, quem poderia responder pela segurança dos diques?".*[205]

Segundo Nabuco,

*"[...] o advento do abolicionismo coincidiu com a eleição direta, e sobretudo com a aparição de uma força, a qual se está solidificando em torno da imprensa — cuja barateza e distribuição por todas as classes é um fator importante na história da democratização do país —, força que é a opinião pública."*[206]

O Imperador D. Pedro II havia partido para a sua primeira viagem à Europa no dia 25 de maio de 1871. A ausência também foi criticada nos debates. O Deputado Andrade Figueira exclamou nas tribunas que compreendia

*"[...] que há o maior empenho em que o paquete, que está próximo a partir para a Europa, leve do Brasil essa tão almejada carta de crédito [a Lei do Ventre Livre] que a impaciência do servilismo procura dirigir ao chefe de Estado".*[207]

Outro deputado, Pedro Luís, se manifestou:

*"[...] neste oceano político, que me parece cavado, como que a nau do Estado vaga desmastreada, o comandante amestrado, que nos acompanhara em todos os tempos, foi em demanda de plagas estranhas. Não*

*pretendo lançar sobre essa figura pecha de qualquer natureza, desejo simplesmente significar que o assombro, de que se acham possuídas as duas classes mui representadas, sobe de ponto quando se considera que o augusto personagem, que costumava dirigir os destinos da nação, viaja por terras estrangeiras na hora mais crítica para o seu país. O imperador nos deixou no momento mais grave. Se Sua Majestade previsse a onda de resistência que se está levantando a este projeto certamente não nos deixaria*".[208]

A Princesa Isabel, aos 26 anos, estava naquele difícil momento de grande agitação política e social à frente do trono. Era certamente proposital esse ato do imperador, para que ela sentisse na prática o aprendizado das coisas em relação à administração do país. Seria, talvez, para os dissidentes, um indicativo, um recado de como o Terceiro Reinado no Brasil se daria.

ISABEL, PRINCESA IMPERIAL DO BRASIL

D. PEDRO II E SUA COMITIVA VISITANDO AS PIRÂMIDES DO EGITO, EM 1876

O imperador estava em Alexandria, no Egito, quando recebeu a notícia da promulgação da Lei do Ventre Livre.

A coisa sucedeu assim:

*"Logo ao desembarcar, recebeu o imperador dois telegramas, um de Florença e outro de Milão, anunciando-lhe que a lei acerca do elemento servil havia passado no Senado. Apenas foi lido esse telegrama, Sua Majestade correu para mim [Itaúna], deu-me para ler, abraçou-se e em verdadeira explosão de prazer disse o seguinte: escreva já ao Rio Branco, enviando-lhe este abraço que lhe dou e diga-lhe mais, que o considero como meu homem, em quem deposito toda confiança e esperança que posso ter, nutrindo a crença de que ele não me abandonará no muito que temos a fazer, diga-lhe mais, que conte comigo como me apraz contar com ele, e acrescente que, deixando-o à frente do governo na minha ausência, cada dia tenho mais razão de crer no homem que tantos e tão grandes serviços me prestou e ao país, no Paraguai."*[209]

# 14

## OS ABOLICIONISTAS E A SOCIEDADE BRASILEIRA CONTRA A ESCRAVIDÃO

Nesse ano, encontramos o *Manifesto da Sociedade Brasileira Contra a Escravidão*, sociedade esta fundada em 7 de setembro de 1880. Havia nos anos 1880 um forte e consolidado movimento abolicionista no Brasil, que dizia o seguinte:

*"AO PAÍS.*

*Há trezentos anos que se celebrou o primeiro contrato para a introdução de Africanos no Brasil e há trezentos anos que estamos existindo em virtude desse contrato. Lançada a escravidão nas bases da nossa nacionalidade como sua pedra fundamental, ainda hoje muitos acreditam que, destruído este alicerce, o edifício se abateria logo sobre todos. A superstição bárbara e grosseira do trabalho escravo tornou-se, por tal forma, o credo dos que o exploram, que não se pode ser aos olhos deles ao mesmo tempo Brasileiro e Abolicionista. [...]*

*[...] Os que, porém, desejam ver o Brasil associar-se ao progresso do nosso século; os que sentem estar ele isolado na posição humilhante*

# MANIFESTO

, DA

## SOCIEDADE BRASILEIRA

CONTRA

### A ESCRAVIDÃO.

———•———

em que se acha — dando o último asilo à escravidão —; os que aspiram ser cidadãos de uma terra livre, habitada por homens livres, e não dividida entre senhores e escravos: estes são considerados como inimigos da sociedade, e chamem-se Eusébio, Rio Branco ou Pedro II, são sempre apontados como agentes do estrangeiro. [...]

Enquanto uma nação só progride pelo trabalho forçado de uma casta posta fora da lei, ela é apenas um ensaio de Estado independente e autônomo. Enquanto uma raça só pode desenvolver-se em qualquer latitude, fazendo outra trabalhar para sustentá-la, a experiência da aclimação mesmo dessa raça está ainda por fazer. Aos olhos dos Brasileiros tradicionais, o Brasil sem escravos sucumbiria logo: pois bem, esta experiência mesmo tem mais valor do que a vida que só se consegue manter pelo enfraquecimento do caráter e pela humilhação geral do país. Se a abolição fosse o suicídio, ainda assim um povo incapaz de subsistir por si mesmo faria um serviço à humanidade, tendo a coragem de abandonar a outros, mais fortes, mais robustos e mais válidos, a incomparável herança de terra que ele não soubesse cultivar e onde não pudesse manter-se.

Mas não. Em vez de ser o suicídio, o ato de previdência tanto quanto de justiça, que pusesse termo à escravidão, despertaria no caráter nacional faculdades inertes e abriria para a nação, em vez da paralisia vegetativa à que ela está sujeita, uma época de movimento e de trabalho livre, que seria o verdadeiro período da sua constituição definitiva e da sua completa independência. [...] O Brasil pode viver sem ser pela exploração sem misericórdia e sem equidade do homem pelo homem. Ele não é um povo que esteja usurpando o lugar que outra raça ocuparia com maior proveito para o Continente Americano. A escravidão tem sido para ele tão somente uma causa de atraso; ela é uma árvore cujas raízes esterilizam sempre o solo físico e moral onde se estendem. [...] Desmoralizada como está a escravidão, não tarda muito que o país rejeite essa odiosa muleta.

*Até lá, porém, é preciso que lutemos com firmeza. Foi para isso que fundou-se a Sociedade Brasileira Contra a Escravidão. [...] À grande maioria do país pertence impor à pequena minoria dos interessados na escravidão o seu ultimatum, a um tempo equitativo e inflexível. [...]*

*Aos senhores de escravos por fim nós dizemos, a lei pode proceder convosco de dois modos: protegendo-vos ou responsabilizando-vos. Podeis escolher. A escravidão, da qual sois os últimos representantes no mundo civilizado, pode ser extinta de um dia para outro sem que o Estado vos deva compensação alguma. Ele pode porém não querer emancipar uma raça inteira sem olhar para os vossos interesses individuais. Depende de vós obter essa compensação a título de equidade, e conseguir que o Estado vos trate como amigos e homens de boa-fé. Se opuserdes porém, como um partido de guerra e de combate, o vosso non possumus a cada reforma; se impedirdes que no presente se tomem medidas que no futuro facilitariam a liquidação dos vossos títulos legais sem prejuízo dos vossos interesses; se constituirdes uma barreira insuperável diante de cada ideia Emancipadora, e recuardes espavoridos diante de cada medida; então a culpa será somente vossa, quando a lei, depois de tantas tentativas frustradas, tiver de proceder convosco, como Lincoln para com os proprietários do Sul da União que ele quis salvar até a última, como um poder beligerante e rival. [...]*

*[...] Nem mesmo a desculpa de que a escravidão é uma propriedade legal existe em favor dela: ela é pelo contrário ilegal e criminosa em uma escala tão grande que a simples revisão dos títulos da propriedade escrava bastaria para extingui-la."*[210]

Estavam à frente dessa associação ao menos três nomes que merecem ser citados aqui: Joaquim Nabuco, José do Patrocínio e André Rebouças.

# OS ABOLICIONISTAS

Joaquim Nabuco, advogado e escritor, nasceu em 1849 no Recife. Elegeu-se deputado em 1879. No livro *Minha formação*, relata sua atuação combativa em favor, sobretudo, da abolição da escravidão no Brasil.

> *"Posso dizer que ocupei a tribuna todos os dias, tomando parte em todos os debates, em todas as questões... [...] Então tudo me servia para assunto do discurso; eu falava sobre Marinha e imigração, como sobre a iluminação ou o imposto de renda, sobre o arrendamento do vale do Xingu ou a eleição direta... Tinha o calor, o movimento, o impulso do orador; não conhecia o valerá a pena? do observador que se restringe cada vez mais..."*.[211]

JOAQUIM AURÉLIO BARRETO NABUCO DE ARAÚJO

Entusiasmado em levar ao Parlamento a questão da abolição e da sociedade abolicionista que acabara de fundar em 1880, nas eleições do ano de 1881, no entanto, ele não se elegeu. Expressou sua desolação nos seguintes termos:

*"Decididamente não fui feito para o que se chama entre nós de política. A palavra, a pena, as ideias são armas que de nada servem, e ai de quem tem outras. O caráter, o escrúpulo, a independência, o patriotismo, tudo isso não vale nada, não tem curso entre os eleitores. Felizmente não é mais o Imperador que está em causa, não é dele mais que nos podemos queixar — é de nós mesmos. Triste e infeliz nação — onde a escravidão tem triunfos aos quais todo mundo se associa com alegria selvagem!"*[212]

Joaquim Nabuco, então, se exila em Londres, onde passa a escrever sua obra-prima, *O abolicionismo*, que sairia publicada no ano de 1883. No ano de 1888 ele será um dos deputados que farão passar a lei de 13 de maio que extinguiria a escravidão no Brasil.

José do Patrocínio nasceu no Rio de Janeiro em 1853. Filho da escravizada Justina do Espírito Santo, era farmacêutico, político e jornalista. Foi um dos membros mais ativos do forte movimento

JOSÉ CARLOS DO PATROCÍNIO

abolicionista que surgiu em 1880. Além da militância intelectual, Patrocínio organizava campanhas para reunir fundos com o intuito de comprar alforrias e emancipar escravizados.

André Rebouças nasceu na Bahia em 1838. Engenheiro, foi ele que projetou a construção da belíssima estrada de ferro que liga Curitiba ao porto de Paranaguá. Era um atuante e fervoroso partidário da abolição da escravidão, tendo participado e incentivado todo e qualquer movimento que surgisse no Brasil em defesa do fim da escravidão. Foi durante toda a parte final do Segundo Reinado no Brasil muito próximo da família imperial, com quem seguiu para o exílio em 1889 por ocasião da Proclamação da República.

O caso da Sociedade Brasileira Contra a Escravidão demonstra que havia movimentos políticos e também movimentos oriundos da sociedade civil; aliás, muito do primeiro movimento — o político — que ocorria no Parlamento, nas Câmaras, só deixava seu estado de inércia devido à pressão do segundo movimento, esse, sim, jamais estacionário e, muito pelo contrário, bastante ativo. As sociedades abolicionistas se espalhavam — como vimos — pelo país inteiro.

O cerco se fechava contra a escravidão.

## LUIZ GAMA

Nesse sentido também surge, em 9 de maio de 1883, a Confederação Abolicionista do Rio de Janeiro, que tinha como principal objetivo unificar todas as sociedades e associações antiescravistas do Império, para que juntas pudessem pressionar o Parlamento a dar andamento a leis sobre a abolição da escravidão.

LUIZ GONZAGA PINTO DA GAMA

O manifesto, que não diferia muito daquele divulgado em 1880, havia sido claramente escrito por André Rebouças e diz:

*"Ressurgimento de uma aspiração coetânea do nosso primeiro ideal de pátria, a propaganda abolicionista não é uma aspiração anárquica de sentimento nem a exigência inoportuna de conclusões filosóficas, mas a representante idônea do direito do foro dos nossos tratados e primitivas leis parlamentares."*[213]

Assinavam o manifesto uma série de representantes de diversas associações, como Clube dos Libertos, de Niterói: João F. Clapp, João Augusto de Pinho; *Gazeta da Tarde*: José do Patrocínio, João F. Serpa Junior; Sociedade Brasileira Contra a Escravidão: Dr. André Rebouças, Miguel A. Dias; Libertadora da Escola Militar: Tenente Manoel J. Pereira, Alferes João P. Junqueira Nabuco, Dr. Luiz Valentim da Costa;

Libertadora da Escola de Medicina: José Onofre Muniz Ribeiro, Medeiros Mallet, Amaro C. Roiz P. Cintra; Caixa Libertadora José do Patrocínio: Capitão Emiliano Rosa de Senna, Domingos Gomes dos Santos, Abel da Trindade; Sociedade Cearense Libertadora: Leonel Nogueira Jaguaribe, Dr. João Paulo G. de Mattos, Adolpho Herbster Junior; Centro Abolicionista Ferreira de Menezes: Julio de Lemos, Procopio Lucio R. Russell, João F. Serpa Junior; Clube Abolicionista Gutemberg: Alberte Victor G. da Fonseca, Evaristo Rodrigues da Costa, Luiz Pires; Clube Tiradentes: Jeronymo Simões, Joaquim Gomes Braga; Clube Abolicionista dos Empregados do Comércio: Ataliba Clapp, João Bento Alves, Francisco Joaquim Braga; Caixa Abolicionista Joaquim Nabuco: Jarbas F. das Chagas, José de A. Silva, Luiz Rodrigues da Silva; Libertadora Pernambucana: Eugenio Bittencourt; Abolicionista Espírito Santense: Alferes Antonio Borges de Athayde Junior, Antonio Gomes Aguirre, Urbano Candido de Vasconcellos; Sociedade Libertadora Sul Rio-Grandense: Bruno Gonçalves Chaves, João Pedro Machado, Francisco Octaviano Pereira.

A partir de 1884 esses movimentos abolicionistas passaram a atuar de modo mais articulado com o governo em projetos de emancipação gradual, utilizando-se do fundo de emancipação público e levantando também fundos de emancipação privados. A união entre o governo e o movimento acirrou ainda mais a animosidade dos proprietários de escravizados, que, sempre que se levantava a pauta da abolição, eles se posicionavam firmemente contra.

A principal estratégia do movimento restringia-se ao campo do levantamento de fundos de emancipação privados e do ativismo jurídico, que era o embate nos tribunais em torno da libertação de escravizados, considerando a ilegalidade da escravidão de acordo com a legislação, sobretudo a lei de 1831. Aqui entra um nome em especial, o de Luiz Gama, pois certamente essa inspiração veio da sua atuação.

Luiz Gama nasceu na Bahia em 1830; foi jornalista, escritor e advogado. Radicado em São Paulo, libertou cerca de 500 escravizados, usando o argumento jurídico da ilegalidade da escravidão por conta da lei de 1831, que nunca foi respeitada, e *"o simples fato de achar-se pelo menos metade da população brasileira escrava no Brasil escravizada com postergação manifesta da lei e desprezo das penas que ela fulminou, dispensar-nos-ia de levar por diante este argumento sobre os compromissos públicos tomados para com os escravos."*[214]

Em *O Abolicionista* — jornal da Sociedade Brasileira Contra a Escravidão — de 1º de dezembro de 1880, Gama escreve um artigo denunciando, por ocasião de um anúncio de leilão de escravizados publicado no *Jornal do Commercio,* como ainda naquela data se comercializavam livremente e com a anuência da justiça escravizados livres.

*"Hoje, nos juízos, e nos tribunais, quando um africano livre, para evitar criminoso cativeiro, promove alguma demanda, exigem os sábios magistrados que ele prove qual o navio em que veio; e qual o nome do respectivo capitão. [...] Negros boçais, atirados a rodo, como irracionais no porão de um navio; como carga, como porcos, desconhecedores até da língua dos seus condutores, obrigados a provar a qualidade, e o nome do navio em que vieram; e o nome do respectivo capitão! Isto é justiça para negros. [...] Diante desses desastres judiciários, que se reproduzem todos os dias, parece que nós, os aventureiros da emancipação, estamos, em nome da lei, impondo preceito ao dislate. Vosso amigo, Luiz Gama."*[215]

Gama morreu em 1882, um ano antes dessa grande mobilização abolicionista, mas sua luta pelo fim da escravidão foi certamente a vertente, a inspiração para esse poderoso movimento que surgia e que desembocaria — como veremos — na abolição total da escravidão no ano de 1888.

# ☀15☀

## 1885

## O TRÂMITE E A APROVAÇÃO DA LEI DOS SEXAGENÁRIOS

A segunda onda de enfrentamento da escravidão — que, como a primeira, que havia aprovado a lei de 1871, não era assim tão agressiva — redundaria na lei número 3.270, conhecida como Lei dos Sexagenários.

Como todo movimento que se fazia nessa direção, o processo foi bastante conturbado e, ao final, como sempre, a montanha acabou parindo um rato. A lei foi apresentada no Parlamento por Rodolfo Dantas, presidente do Conselho de Ministros, no dia 15 de julho de 1884. Sua principal novidade era a proposta de emancipação dos escravizados de 60 anos de idade (completados antes ou depois da lei). Alterava ainda algumas questões relativas à matrícula dos escravizados e promovia alterações no fundo de emancipação.

Contudo, no mesmo dia da apresentação, o presidente da Câmara dos Deputados, o Deputado Moreira Barros, indignado com o avanço do governo no tema da abolição, demite-se da presidência por não aceitar o acolhimento do projeto.

No dia 28 de julho, o debate esquenta, e a Câmara reprova o acolhimento do projeto do governo, criando assim um impasse. O Deputado Rui Barbosa sai em defesa do governo, fazendo críticas aos colegas deputados e alertando:

*"Cada batalha que a solução liberal do problema perder aqui, no terreno político; cada revés que julgardes infligir aqui à grande ideia, esmagando sob o número de votos um gabinete que a personifique, será, não uma vantagem para os interesses econômicos envolvidos nesta questão, mas um passo acelerado para a liberdade incondicional. [...] O movimento parlamentar da emancipação não retrocede uma linha. [...] Não há maioria com forças para o deter. As vossas vitórias aparentes reverter-se-ão contra vós. De cada uma delas o espírito libertador reerguer-se-á mais poderoso, mais exigente, mais afoito, reencarnado em um plano mais amplo. As concessões moderadas, que hoje recusardes, amanhã já não satisfarão a ninguém. [...] Ouçam os nobres deputados a história, que não mente".*[216]

Toda essa animosidade que se instaura na Câmara leva a um desfecho pouco ortodoxo. No dia 30 de julho de 1884, o governo baixa o decreto 9.270, onde dissolve a Câmara dos Deputados e convoca outra para que no início dos trabalhos, em maio de 1885, retorne a discussão do projeto proposto pelo governo e de que ele não abria mão.

Em 4 de agosto de 1884, Rui Barbosa dá o seu parecer em nome das comissões de orçamento e justiça acerca do projeto. Faz nele um longo e contundente estudo sobre o que foi o enfrentamento da escravidão até aquele momento, apontando falhas, omissões e fazendo, inclusive, críticas aos projetos anteriores. Diz que *"de todos os povos modernos, que têm possuído escravos, somos o que mais lentamente realiza a extinção do elemento servil"*. Sobre o projeto de 1871, o do ventre livre, por

RUI BARBOSA DE OLIVEIRA

exemplo, ironiza: "*A ideia da libertação do ventre materno não é nenhuma grande conquista da civilização contemporânea.*"[217]

Por fim, entretanto, conclui que, em nome das comissões reunidas de orçamento e justiça civil, o parecer era favorável que o projeto se convertesse em lei.

## AOS SEXAGENÁRIOS... SE EXISTISSE ALGUM

No dia 7 de julho de 1885, Joaquim Nabuco critica a Câmara por fazer tamanha oposição e arrastar a aprovação de um projeto ainda tão conservador como aquele e clama pelo fim definitivo da escravidão. Sem subterfúgios, sem delongas, diz:

"*Pois bem, essa mudança do antigo sistema da liberdade está iminente, é nacionalmente desejada, a sua hora chegou. [...] É por isso que eu, medindo a responsabilidade da minha posição, não esquecendo que represento perante muitos a honra da bandeira abolicionista; vendo que mais de um milhão de escravos esperam ansiosos e palpitantes, porque se trata da sua vida, a solução deste pleito; tendo o meu nome empenhado nesta questão perante o país inteiro, tomo a resolução forçada de rejeitar o projeto do nobre presidente do conselho, porque entendo que aquilo que S. Ex. não faz, a nação fará por si. [...] Longe de pensar como o nobre presidente do conselho que um prazo fixo seria inconveniente, penso que é necessário, neste terreno da escravidão, traçar uma linha, digo melhor, levantar uma montanha que, aos olhos do mundo, mostre assinaladamente o dia em que o Brasil tem definitivamente que deixar o trabalho escravo pelo trabalho livre, a fim de que todos conheçam o regime em que vão viver, não somente os brasileiros, a quem esta terra ainda não pertence por causa da nossa organização territorial, mas também os estrangeiros que queiram fazer dela a pátria sua ou dos seus filhos.*"[218]

Naquela altura, tendo fundado a Associação para a Abolição da Escravatura, tendo já escrito e publicado *O abolicionismo* e congregado a maioria das sociedades abolicionistas do país, Joaquim Nabuco não aceitava nada menos do que a abolição total da escravidão. O país precisava disso, não de paliativos procrastinadores da solução final.

No dia 13 de agosto de 1885, o projeto é aprovado na Câmara dos Deputados por 73 votos contra 17 e, em 25 de agosto, vai para o Senado, onde também sofre obstruções, revisões e mais um mês de discussões e rame-rame, até que, em 29 de setembro, o projeto é aprovado e se transforma na lei 3.270, que fica conhecida como Lei dos Sexagenários.

Apenas no apagar das velas da escravidão, em 4 de outubro de 1886, foi aprovada na Câmara e no Senado a revogação do artigo 60 do Código Penal e da lei de 10 de junho de 1835, que versavam sobre castigos e sobre a pena de morte. Diz Joaquim Nabuco:

*"Desapareça o abolicionismo que é a vigilância, a simpatia, o interesse da opinião pela sorte desses infelizes; fiquem eles entregues ao destino que a lei lhes traçou, e ao poder do senhor tal qual é, e a morte continuará a ser, como é hoje, a maior das probabilidades, e a única certeza, que eles têm de sair um dia do cativeiro. [...] Se houvesse um inquérito no qual todos os escravos pudessem depor livremente, à parte os indiferentes à desgraça alheia, os cínicos e os traficantes, todos os brasileiros haviam de horrorizar-se ao ver o fundo de barbárie que existe no nosso país debaixo da camada superficial de civilização, onde quer que essa camada esteja sobreposta à propriedade do homem pelo homem."*[219]

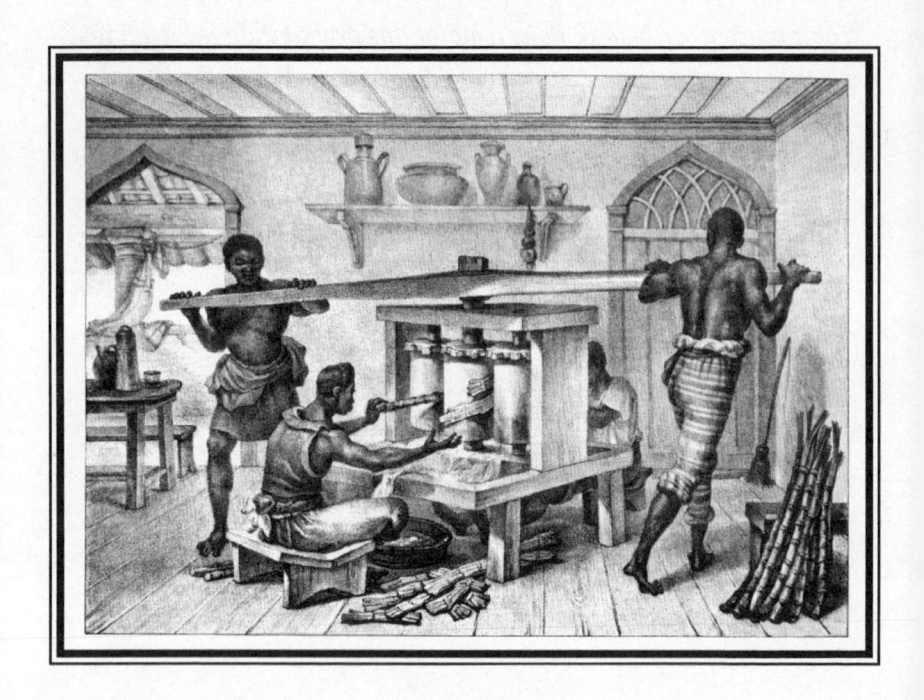

# ✦ 16 ✦

# 1888

## A PRINCESA ISABEL ENTRA EM CENA: A LEI ÁUREA

No dia 3 de maio de 1888, a Princesa Isabel disse na fala do trono:

*"A extinção do elemento servil, pelo influxo do sentimento nacional e das liberalidades particulares, em honra do Brasil, adiantou-se pacificamente de tal modo que é hoje aspiração aclamada por todas as classes, com admiráveis exemplos de abnegação da parte dos proprietários. Quando o próprio interesse privado vem espontaneamente colaborar para que o Brasil se desfaça da infeliz herança que as necessidades da lavoura haviam mantido, confio que não hesitareis em apagar do direito pátrio a única exceção que nele figura em antagonismo com o espírito cristão e liberal das nossas instituições."*

Ela se referia ao fato de vários fazendeiros já estarem libertando seus escravizados por conta própria. O Marquês de Três Rios alforriou nesse ano seus 300 escravizados; em Nova Friburgo, dois mil haviam sido alforriados; as províncias do Ceará, Rio Grande do Sul e Amazonas já haviam decretado a abolição da escravidão. Claro que os senhores sabiam que a abolição já batia à porta e eles irremediavelmente perderiam seus escravizados de qualquer maneira, mas entre a maioria dos escravocratas havia a esperança de que a Câmara ou o Senado votassem pela obrigação de indenização por parte do Estado.

A princesa seguiu em seu discurso, propondo soluções:

*"Mediante providências que acautelem a ordem na transformação do trabalho, apressem pela imigração o povoamento do país, facilitem as comunicações, utilizem as terras devolutas, desenvolvam o crédito agrícola e aviventem a indústria nacional, pode-se asseverar que a produção sempre crescente tomará forte impulso e nos habilitará a chegar mais rapidamente aos nossos auspiciosos destinos. Augustos e digníssimos senhores representantes da nação. Muito elevada é a missão que as circunstâncias atuais vos assinalam. Tenho fé que correspondereis ao que o Brasil espera de vós".*[220]

Começava a terceira e última onda abolicionista no Brasil. Foi Joaquim Nabuco quem disse que, na legislatura de 1880, *"pela primeira vez, se viu dentro e fora do Parlamento um grupo de homens fazer da emancipação dos escravos, não da limitação do cativeiro às gerações atuais, a sua bandeira política, a condição preliminar da sua adesão a qualquer dos partidos."*[221]

Em 7 de maio, o Primeiro-Ministro João Alfredo comunicou à Câmara que, no dia seguinte, submeteria o projeto do Executivo acerca da extinção da escravidão. Sobre ele, Rui Barbosa já havia publicado um artigo no *Jornal do Commercio*, dizendo que, na questão da escravidão, *"o sr. João Alfredo não sabe o que quer, mas da noite para o dia é capaz de querer tudo"*. Curiosamente, no pequeno debate que se seguiu ao início dos trabalhos, nenhum discurso tratou da questão da extinção da escravidão — como se aquela causa, por perdida que estava, já não merecesse uma defesa. Como era de se esperar, a discussão ficou restrita à brusca mudança de gabinete que havia ocorrido em março de 1888. Desde 20 de agosto de 1885, o primeiro-ministro tinha sido João Maurício Wanderley, o Barão de Cotegipe, que fora substituído no dia 10 por João Alfredo Correia de Oliveira.

No dia 8, o Ministro da Agricultura Rodrigo Silva discursou na Câmara:

*"Augustos e Digníssimos Senhores Representantes da Nação — venho, de ordem de Sua Alteza Imperial, Regente em nome de Sua Majestade o Imperador, apresentar-vos a seguinte proposta:*

*Art. 1º: É declarada extinta a escravidão no Brasil.*

*Art. 2º: Revogam-se as disposições em contrário."*

Era assim, simples e direta ao ponto, sem rodeios.

JOÃO ALFREDO CORREIA DE OLIVEIRA

Na sequência, o Deputado Joaquim Nabuco sugeriu a criação de uma comissão para elaborar um parecer sobre a proposta. A comissão, composta por Joaquim Nabuco, Duarte de Azevedo, Gonçalves Ferreira, Afonso Celso e Alfredo Correia aprovou, em poucos minutos, a proposta e determinou que ela fosse convertida em projeto de lei.

No dia 9, o projeto sofreu uma emenda — requereu-se que fosse acrescentada no artigo 1º a seguinte frase: "*Desde a data desta lei*". O artigo 2º foi aprovado, e o projeto emendado seguiu para a terceira discussão, tendo sido aprovado por 83 votos a 9. O estranho dessa rápida tramitação era realmente a apatia da Câmara em sair em defesa da escravidão. As *guerras* que vimos em outros projetos bem menos relevantes e a falta de empenho da oposição escravista naquele momento, estando sendo votado o projeto mais importante de todos na história da abolição até aqui... requeria outra duríssima batalha.

O projeto chegou ao Senado no dia 11.

No dia 12, no Senado, o Barão de Cotegipe discursou. Disse ele, referindo-se ao seu mandado de primeiro-ministro:

"*Não há um exemplo com que se possa acusar o governo passado de haver posto uma pedra na marcha desse movimento voluntário; só poderá ser acusado por ter querido manter a lei. Ora, este é o dever primordial de todos os governos. Retirando-me do poder quando o nobre senador pela província de São Paulo, que me substituía, declarava não poder a força pública apreender escravos fugidos; e mais, que as autoridades não deviam prestar apoio aos proprietários, estava por esse fato feita a abolição.*"

Manter a ordem era, para o barão, defender os proprietários de escravizados que reclamavam do governo ter desautorizado as forças policiais a sair em diligências em busca dos fugidos. Certamente se referia ao caso Seixas, da Chácara do Leblon, um caso que havia colocado o barão e a Princesa Isabel em campos diametralmente opostos.

Depois de alfinetar a princesa, dizendo que o governo, ao agir assim, a abolição estava feita, continuou afirmando:

*"Portanto, a extinção da escravidão, que ora vem neste projeto, não é mais do que o reconhecimento de um fato já existente. Tem a grande razão, que reconheço, de acabar com esta anarquia não havendo mais pretextos para tais movimentos, para ataques contra a propriedade e contra a ordem pública. Eis como considero a vantagem do projeto. [...] Sr. presidente, ninguém acreditará, no futuro, que se realizasse com tanta precipitação e tão poucos escrúpulos a transformação que vai aparecer. A propriedade sobre o escravo, como sobre os objetos inanimados, é uma criação do direito civil. A Constituição do Império, as leis civis, as leis eleitorais, as leis de fazenda, os impostos etc., tudo reconhece como propriedade e matéria tributável o escravo, assim como a terra. Dessas relações sociais, da encarnação, por assim dizer, da escravidão no seio da família e no seio da sociedade, resultaram relações múltiplas e obrigações diversas. E de um traço de pena se legisla que não existe mais tal propriedade, que tudo quanto podia ter relação com ela desaparece, que nem contratos, nada absolutamente pode ter mais vigor. O proprietário que hipotecou a fazenda com escravos, porque a lei assim o permitia, delibera de seu motu proprio alforriá-los, o que pela nossa lei constitui um crime, e é por isso remunerado! Os bancos, os particulares adiantaram somas imensas para o desenvolvimento da lavoura, das fazendas. Que percam!... Enfim, senhores, decreta-se que neste país não há propriedade, que tudo pode ser destruído por meio de uma lei, sem atenção nem a direitos adquiridos, nem a inconvenientes futuros! Sabeis quais as consequências? Não é segredo: daqui a pouco se pedirá a divisão das terras, do que há exemplo em diversas nações, desses latifundia, seja de graça ou por preço mínimo, e o Estado poderá decretar a expropriação sem indenização. E, senhores, dada a diferença entre o homem e a cousa, vê-se que a propriedade sobre a terra também não é de direito natural."*

Desconsiderando aqui o fato de que as pessoas não são objetos, que não podem ser negociadas e têm direito à liberdade como um princípio fundamental, o barão avançou em sua crítica tentando chamar a atenção para a consequência futura, a qual, para ele, seria a divisão das terras. Em país fortemente agrícola, esse argumento — de que os fazendeiros perderiam depois suas terras — talvez despertasse algum medo e alguma resistência dos senadores, depois da apatia dos deputados.

Seguiu dizendo:

*"Passemos a considerar qual será a sorte da nossa lavoura. Ouço elogios, ditirambos sobre o reinado de Saturno, que vai surgir com o desaparecimento da escravidão. A verdade é que há de haver uma perturbação enorme no país durante muitos anos, o que não verei, talvez, mas aqueles a quem Deus conceder mais vida, ou que forem mais moços presenciarão. Se me engano, lavrem, lavrem na minha sepultura este epitáfio: 'O chamado no século Barão de Cotegipe, João Maurício Wanderley, era um visionário!' Tenho algum conhecimento das circunstâncias da nossa lavoura, especialmente das províncias que citei em princípio; e afianço que a crise será medonha: escaparão do naufrágio muitos, uns que já estão munidos de salva-vidas; outros que, no meio do naufrágio, apanharem alguma tábua, em que se salvem; outros, finalmente, que lucrarão, quando o navio vier dar à costa. Mas a crise há de ser grande. Estarei iludido; estimarei mesmo estar; porém a convicção íntima que me domina, não me permite que eu pense diversamente. Acompanho a sorte do meu país; para onde hei de ir! Sou daqueles que aqui nasceram e aqui hão de morrer, se não me deportarem algum dia. (Risadas). [...] Por ora, Sr. Presidente, tudo é festa, tudo é alegria, tudo são flores; enfim, o prazer é unânime, universal, por esse grande ato da extinção da escravidão. [...] Um ato destes reúne um pensamento comum em favor das instituições, de todos os brasileiros? (Pausa) Não, senhores. Este ato cria muitos descontentes: as instituições perdem muito apoio*

*com a irritação de uns, e com a indiferença de outros. [...] Chamo também a atenção do país e do governo para as tendências, que já aparecem, e, afinal, pedirei a Deus, do mais íntimo do meu coração, que separe de nós todos os males que eu prevejo."*[222]

A tragédia anunciada pelo barão não ocorreu, assim como depois do fim do tráfico em 1850. As exportações seguiram seu caminho e entraram, ao contrário, em viés de alta, que se consumaria ao longo da próxima década. Quanto aos muitos descontentes, e o apoio que a instituição monarquia perderia, é verdade que os fazendeiros, de cuja produção o governo ainda arrecadava o grosso dos impostos, continuavam poderosos, mas eram numericamente poucos. O povo estava ao lado da Princesa Isabel e apoiava a abolição.

No dia 13, outro no Senado que se opusera de forma veemente ao projeto de abolição foi o Senador Paulino de Souza, que disse:

*"Quando, porém, se levantou primeiro a questão de abolir o elemento servil, ou, que por mim, por meus amigos, por meus comprovincianos, por todos os Brasileiros que colaboram na produção da riqueza nacional, sabia ser esse o único trabalho organizado em quase todo o país, não podia convir em que fosse ele tão rápido se não subitamente suprimido. Era ele então, Sr. presidente, o único, como ainda é hoje, ou quase único trabalho que existe na maior parte das províncias do Império, e também nessa zona, extensíssima e rica, das margens do Paraíba e dos vales fertilíssimos; dos seus inúmeros tributários; região que se pode dizer ter sido nestes últimos 50 anos a oficina da riqueza nacional, de onde partiram os recursos com que se encheram as arcas do Tesouro para se converterem em todos esses melhoramentos com que prosseguiu no atual reinado, até o ponto em que a vemos hoje, a civilização no Brasil."*

O senador dizer que a abolição do que ele chamava de *"único trabalho organizado"*, ou seja, o trabalho escravo, ocorrera de forma *"rápida e súbita"* era querer ignorar que aquela mostrava ser a estação final de um trem abolicionista e emancipacionista que partira no longínquo ano de 1823. Ademais, não era o Parlamento que estava, portanto, abolindo a escravidão já tão tardiamente, mas sim o povo.

Seguiu falando:

*"Sr. Presidente, o dever imprescritível de colocar-me na resistência em defesa de tamanhos e tão legítimos interesses que, seja dito por demais, entendem tanto com a fortuna particular, como com a ordem econômica e financeira do Estado. [...] Que não foi excessiva, mostra-o o fato de chegar-se mais cedo do que se deveria esperar, ao ponto em que nos achamos. Se não foi suficiente e eficaz posso dizê-lo com inteira segurança, não tive outros meios lícitos e prudentes de resistir senão os de que lancei mão. [...] A história e a experiência política atestam que todas as vezes que a realeza, por amor da popularidade, por motivos de sentimentalismo, ou por cálculo político, acorda-se, ainda que em pensamento, com qualquer propaganda popular, enérgica e ativa, a instituição contra a qual se dirigem os esforços combinados, pode-se contar que está fatalmente derrocada, e com ela sacrificada a classe ou classes interessadas na sua manutenção. E à frente dessa propaganda se acham homens resolutos, entusiastas e ousados, o arrastamento é invencível, e não há mais poder que consiga encadear ou encaminhar a torrente, uma vez solta da represa."*

Nesse ponto, o senador tinha razão, parecia que a força popular tinha sido capaz de reverter as correntes do Tâmisa por aqui também.

Seguiu em sua verve:

*"[...] o apoio entusiástico, com que uma parte da imprensa desta capital, notoriamente adversa à ordem política das instituições, sustenta o gabinete, e tanto mais freneticamente o aplaude, quanto mais ele se enevereda na senda cuja saída não sei se o preocupa nas suas previsões. Essa imprensa é e deve ser adversa à grande propriedade*

*territorial, sem dúvida importantíssimo elemento conservador em todas as sociedades regulares, e ponto de apoio para a resistência às pretensões exageradas da democracia. A grande propriedade agrícola em nosso país, que é, por sua constituição, uma espécie de feudalismo patriarcal, tem oposto até hoje, por sua índole, hábitos e interesses, embaraço poderosíssimo à realização dos fins a que se propõe partido ultrademocrático. Se a imprensa, que o representa, hostiliza francamente e por todas as formas ao seu alcance adversário de tamanho peso na organização social e procura enfraquecê-lo, senão despeitá-lo para tê-lo como auxiliar em qualquer ação conjunta posterior, é bem de ver que não faz senão promover o seu próprio interesse, alargar e facilitar o seu caminho, mediante a destruição de uma força essencialmente conservadora [...] esse governo revolucionário não se animou a praticar o que em plena tranquilidade e em uma época regular, vai-se, em poucas horas, praticar no Brasil, não, sob a direção, mas com a cumplicidade de homens políticos que se dizem conservadores. [...] Em outro artigo do mesmo decreto se assegurou que a assembleia nacional atribuiria, como de feito fez, os fundos necessários para indenização dos proprietários."*[223]

No fundo era isso, a indenização, era o dinheiro do Estado. Aliás, como disse Joaquim Nabuco,

*"das classes que esse sistema fez crescer artificialmente a mais numerosa é a dos empregados públicos. A estreita relação entre a escravidão e a epidemia do funcionalismo não pode ser mais contestada que a relação entre ela e a superstição do Estado-providência. Assim como, nesse regime, tudo se espera do Estado, que, sendo a única associação ativa, aspira e absorve pelo imposto e pelo empréstimo todo o capital disponível e distribui-o, entre os seus clientes, pelo emprego público, sugando as economias do pobre pelo curso forçado, e tornando precária a fortuna do rico; assim também, como consequência, o funcionalismo*

*é a profissão nobre e a vocação de todos. Tomem-se, ao acaso, vinte ou trinta brasileiros em qualquer lugar onde se reúna a nossa sociedade mais culta; todos eles ou foram ou são, ou hão de ser, empregados públicos; se não eles, seus filhos.*"[224]

*"Não convinha, dizia-se"*, continuou o Senador Paulino de Souza, *"que no dia em que as mãos dos trabalhadores servis fossem livres, as mãos dos proprietários estivessem vazias. Para continuarem os trabalhos era necessário pagar salários e estes não podiam sair senão da indenização, aliás devida em toda desapropriação; estando os lavradores das colônias francesas tão oberados como os nossos, e sujeitos a uma liquidação repentina e atropelada, que aliás não foi tão aflitiva como se figura a que vamos presenciar.*"[225]

Havia mesmo essa última esperança entre os escravocratas: tirar do governo alguma indenização. A Princesa Isabel, quando determinou que a abolição seria a sua prioridade e que deveria ser feita *"antes de tudo"*, chegou a cogitar a possibilidade de indenização, talvez na ansiedade de ver resolvida a questão, mas logo se dissuadiu da ideia.

Finaliza, então, o Senador Paulino na sua inútil, e por que não dizer, asquerosa oratória:

*"Pois bem, senhor presidente, é o governo regular do Brasil que, em contraposição àquele governo revolucionário, faz decretar, de um dia para outro, a abolição imediata, pura e simples, sem uma garantia para os proprietários, espoliando-os da propriedade legal, abandonando-os a sua sorte nos ermos do nosso interior, entregando-os à ruína, expondo-os às mais temerosas contingências, sem também por outro lado tomar uma providência qualquer a bem daqueles, que voltam em grande parte à miséria e ao extermínio, nos primeiros passos de uma liberdade, de que, não preparados convenientemente,*

*difícilmente saberão usar a seu benefício. A proposta que se vai votar é inconstitucional, antieconômica e desumana. É desumana porque deixa expostos à miséria e à morte os inválidos, os enfermos, os velhos, os órfãos e crianças abandonadas da raça que quer proteger, até hoje nas fazendas a cargo dos proprietários, que, hoje arruinados e abandonados pelos trabalhadores válidos, não poderão manter aqueles infelizes por maiores que sejam os impulsos de uma caridade, que é conhecida e admirada por todos os que frequentam o interior do país. É antieconômica porque desorganiza o trabalho, dando aos operários uma condição nova, que exige novo regime agrícola; e isto, Sr. presidente, ao começar-se uma grande colheita, que aliás poderia, quando feita, preencher apenas os desfalques das falhas dos anos anteriores. Ficam, é certo, os trabalhadores atuais; mas a questão não é de número, nem de indivíduos, e sim de organização, da qual depende principalmente a efetividade do trabalho, e com ela a produção da riqueza. É inconstitucional, porque ataca de frente, destrói e aniquila para sempre uma propriedade legal, garantida, como todo direito de propriedade, pela lei fundamental do Império entre os direitos civis de cidadão brasileiro, que dela não pode ser privado, senão mediante prévia indenização do seu valor."*[226]

Nesse mesmo dia, o projeto subiu para a assinatura da Princesa Isabel e tornou-se a lei 3.353 de 13 de maio de 1888.

O trâmite da lei foi rápido, surpreendentemente rápido, para um tema tão importante e que tinha ao longo do tempo — como vimos — despertado conflitos e enormes disputas, debates infindáveis e muitíssima procrastinação, morosidade e imensa má vontade.

Mas por que o processo foi rápido?

Por que a oposição estava conformada?

Qual a razão desse desprendimento?

Vejamos.

# ★ 17 ★

# 1887

## A LIBERDADE COMO "O MAIOR BEM QUE POSSUÍMOS SOBRE A TERRA"

Precisamos voltar ao ano de 1887.

Em outubro de 1887, o exército se posiciona frente ao problema da escravidão e do abolicionismo no Brasil. O Marechal Deodoro, depois de uma reunião com os seus pares no Clube Militar, envia um ofício e uma petição à Princesa Isabel, que naquele momento estava à frente do trono, aproveitando a ocasião para reiterar e patentear *"a adesão e fidelidade ao nosso bom e desejado Imperador e à sua Dinastia, que somente conosco, com o Exército e a Armada, pode e deve contar. E é com o maior respeito e veneração que me assino"*.

Para requerer que o exército fosse dispensado da atribuição de fazer diligências e buscas a escravizados fugitivos, Deodoro argumenta no ofício que *"não é tanto pela injustiça clamorosa do morticínio decretado a homens que buscam a liberdade sem combates nem represálias; é pelo papel menos decoroso e menos digno que se quer dar ao Exército. O Exército é para guerra leal, na defesa do trono e da Pátria"*.

MANUEL DEODORO DA FONSECA

Na petição, ele é contundente e diz, em nome do exército:

*"Senhora!*

*Os oficiais, membros do Clube Militar, pedem a Vossa Alteza Imperial vênia para dirigir ao Governo Imperial um pedido, que é antes uma súplica. Eles todos, que são e serão os amigos mais dedicados e mais leais servidores de Sua Majestade, o Imperador, e de sua dinastia, os mais sinceros defensores das instituições que nos regem, eles, que jamais negaram em bem vosso os mais decididos sacrifícios, esperam que o Governo Imperial não consinta que nos destacamentos do Exército que seguem para o interior com o fim, sem dúvida, de manter a ordem, tranquilizar a população e garantir a inviolabilidade das famílias, os soldados sejam encarregados da captura dos pobres negros* que fogem à escravidão, ou porque já viviam cansados de sofrer os horrores ou porque um raio de luz da liberdade lhes tenha aquecido o coração e iluminado a alma. Senhora! A liberdade é o maior bem que possuímos sobre a terra; uma vez violado o direito que tem a personalidade de agir, o homem, para conquistá-lo, é capaz de tudo; de um momento para outro, ele, que dantes era um covarde, torna-se um herói; ele, que dantes era a inércia, se multiplica e se subdivide e, ainda mesmo esmagado pelo peso da dor e das perseguições, ainda mesmo reduzido a morrer, de suas cinzas renasce sempre mais bela e pura a liberdade. Em todos os tempos, os meios violentos de perseguição, os quais, felizmente, entre nós ainda não foram postos em prática, não produziram nunca o desejado efeito. Debalde, milhares de homens são encerrados em escuras e frias masmorras, onde apertados morrem por falta de luz e de ar; através dessas muralhas, as dores gotejam, através dessas grossas paredes, os sofrimentos se coam, como através do vidro se coam os raios de luz, para virem contar fora os horrores do martírio! Debalde, milhares de famílias são atiradas aos extensos desertos, e lá, onde só vivem os liquens e os ventos passam varrendo a superfície dos gelos e beijando as estepes, tudo morre, mas os ódios concentrados de tantos infelizes são trazidos e vêm germinar, às vezes, no seio dos próprios perseguidores. É impossível, pois, Senhora, esmagar a alma humana que quer ser livre. Por isso, os membros do Clube Militar, em nome dos mais santos princípios de humanidade, em nome da solidariedade humana, em nome da civilização, em nome da caridade cristã, em nome das dores de Sua Majestade, o Imperador, vosso augusto pai, cujos sentimentos julgam interpretar e sobre cuja ausência choram lágrimas de saudade, em nome do vosso futuro e do futuro do vosso filho, esperam que o Governo Imperial não consinta que os oficiais e os praças do Exército sejam desviados de sua nobre missão. Não é isto, Senhora, um ato de desobediência. Se se tratasse de uma sublevação de escravos, que ameaçasse a tranquilidade das famílias, que trouxesse a desordem, acreditai que o Exército, que não deseja o esmagamento *do preto pelo branco, não consentiria também que o preto, embrute-cido pelos horrores da escravidão, conseguisse garantir a sua liberdade esmagando o branco. O Exército havia de manter a ordem. Mas, diante de homens que fogem, calmos, sem ruído, mais tranquilamente do que gado que se dispersa pelos campos, evitando tanto a escravidão como a luta, e dando, ao atravessar cidades, inermes exemplos de moralidade, cujo esquecimento tem feito muitas vezes a desonra do Exército mais civilizado, o Exército brasileiro espera que o Governo Imperial conce-der-lhe-á o que respeitosamente pede em nome da humanidade e da honra da própria bandeira que defende".*[227]

Na prática, essas palavras do Marechal Deodoro, em nome do exército, queriam dizer que o exército reconhecia o direito dos escravizados de buscar sua liberdade e que, portanto, não faria mais nada para coibir tal ato que via, pelo contrário, com louvor e com entusiasmo. Eram as palavras mais encorajadoras que a Princesa Isabel poderia ouvir naquele momento, quando ainda titubeava se poderia ou não pôr em marcha seu ambicioso plano para 1888.

Foi com essa "carta branca" em mãos que a Princesa Isabel começou a articular o momento decisivo.

## O XEQUE-MATE

Entre a carta de Deodoro e o 3 de maio — dia da abertura do ano legislativo —, embora não existam muitos documentos, houve uma intensa agitação, uma intensa movimentação de peças no tabuleiro da abolição. Os arranjos e os embates ocorridos nesse período foram determinantes para que a lei que abolia a escravidão no Brasil encontrasse, quando chegasse às Câmaras, um ambiente tão favorável. Menos de três anos antes — como vimos — os parlamentares haviam vendido caro uma lei bastante conservadora como era dos sexagenários, a Câmara foi dissolvida e os deputados espumaram de raiva nas tribunas. Então, em 1888, quando se pensava que o mundo ia acabar, a tramitação do projeto de lei foi suave, quase que apenas protocolar.

O desfecho, pelo resultado obtido, dá a impressão de ter sido simples, até o percurso, o caminho que levou a ele, ser revelado. Nesse sentido, por trás da estranha calmaria da tramitação da lei, quando o próprio Cotegipe reconheceu ao dizer que agora eram tudo flores, a Princesa Isabel foi submetida a uma batalha homérica, tendo enfrentado no percurso a misoginia, o machismo e a arrogância de homens acostumados a dar ordens, a sempre mandar.

A batalha começou assim que a Princesa Isabel assumiu a regência e, contrariado, o Barão de Cotegipe pediu demissão. Ele era um escravista, e as ideias emancipatórias e abolicionistas da princesa irritavam-no profundamente. A princesa não aceitou seu pedido naquele primeiro momento.

Em março de 1888, um acontecimento que poderia ter sido corriqueiro — um jovem oficial do exército acabou preso pela polícia da corte, acusado de promover uma baderna qualquer motivado pela embriaguez — chegou aos ouvidos da princesa e, dado o amplo apoio que o exército havia acabado de empenhar para a causa emancipacionista e para a monarquia, a princesa não poderia ter feito outra coisa senão agir para resolver o imbróglio.

O chefe da polícia responsável pela prisão do oficial era Coelho Bastos, contra quem a princesa nutria certo ranço desde que ele havia programado uma diligência na Chácara do Leblon, no sentido de perseguir José de Seixas Magalhães, entre outros abolicionistas, alegando que eles mantinham por lá escravizados fugitivos.

Em carta de 7 de março de 1888, a princesa relata:

"[...] *no dia em que desci de Petrópolis, o dr. Barão de Cotegipe quis falar-me em particular antes do despacho, como muitas vezes o fazia. Começou por relatar-me os fatos e propôs-me a demissão do comandante da polícia, Coronel Lago, e do Alferes Batista. A isso respondi que sim, mas que exigia também a do chefe da polícia. O sr. barão ainda tentou salvá-lo, mas não o conseguindo puxou do bolso a carta de demissão do Ministério, que já trazia pronta".*[228]

Na carta ele dizia:

"*Senhora, o meu colega da Justiça comunicou-me e eu apresentei ao Conselho de Ministros a carta que Vossa Alteza Imperial lhe dirigiu [...] resultando do seu contexto que a V. A. podem merecer mais crédito outras informações que não as dadas sob a responsabilidade dos seus conselheiros constitucionais, não resta ao gabinete outro alvitre senão o de pedir, respeitosamente, a V. A. Imperial a sua demissão coletiva...*"[229]

## O 13 DE MAIO

A partir daí, tendo se livrado de Cotegipe, o caminho ficou aberto para o encaminhamento da abolição. No dia 12, a Princesa Isabel estava em Petrópolis — onde promoveu uma grande festa de alforria de escravizados. Era simbólica, pois todos ali sabiam que a escravidão seria abolida. Junto à princesa estava ninguém mais, ninguém menos que José do Patrocínio, o homem negro que havia vencido o preconceito e provado que bastavam liberdade e oportunidades para o desenvolvimento de habilidades e competências, e que todas as pessoas tinham capacidade de fazer suas vidas sem a dependência ou a tutela do Estado.

Na manhã do dia 13 de maio, a princesa acordou cedo e se preparou para descer a serra. Isabel, os príncipes herdeiros e o Conde D'Eu.

Quando a comitiva chegou ao Rio de Janeiro, já não era a princesa que ela trazia, dada a importância da decisão que naquele dia se tomaria. A Lei Áurea não era coisa de princesa, não estava à altura de uma princesa regente. Era coisa de rainha, Rainha Isabel, a primeira de seu nome. É possível garantir que estava sendo dado o passo inaugural do Terceiro Reinado no Brasil.

Porém, feita a abolição, era hora de colocar em andamento os projetos que tinham sido delineados desde José Bonifácio, no longínquo ano de 1823. Libertos os escravizados, era hora de começar os trabalhos, havia muito a fazer, surgira, enfim, uma nova era no Brasil. Uma espécie de sol, que iluminara um território coberto por um manto de atraso, enfim nascia. Era o início de tudo, e o Terceiro Reinado começava ali, e com as mais auspiciosas possibilidades.

Essa obra, segundo Joaquim Nabuco

*"[...] de reparação, vergonha ou arrependimento, como a queiram chamar — da emancipação dos atuais escravos e seus filhos é apenas a tarefa imediata do abolicionismo. Além dessa, há outra maior, a do futuro: a de apagar todos os efeitos de um regime que, há três séculos, é uma escola de desmoralização e inércia, de servilismo e irresponsabilidade para a casta dos senhores, e que fez do Brasil o Paraguai da escravidão."*[230]

A libertação dos escravizados, como todos sabiam, não era o ponto de chegada, mas o ponto de partida de um imenso trabalho que ainda estava por fazer.

Nos outros países, citando mais uma vez Joaquim Nabuco,

*"[...] o abolicionismo não tinha esse caráter de reforma política primordial, porque não se queria a raça negra para elemento*

*permanente de população, nem como parte homogênea da sociedade. O negro, libertado, ficaria nas colônias, não seria nunca um fator eleitoral na própria Inglaterra ou França."*[231]

Porém... não no Brasil. Aqui, tratava-se de dar a eles o direito à cidadania, e havia, portanto, um país inteiro para se construir.

## O *DAY AFTER* DO JUÍZO FINAL

E por que a Princesa Isabel fez questão de levar a cabo o projeto do fim da escravidão?

Porque estava começando ali o Terceiro Reinado, o estado de saúde do imperador era grave e o seu desapego ao trono, explícito. Se D. Pedro II havia convivido com a escravidão, ainda que tivesse sempre articulado o seu término — como vimos —, tinha sido porque, sejamos justos, circunstâncias imensamente maiores do que ele permitiram.

Do lado da Princesa Isabel não havia a menor tolerância para com a escravidão; ela era de outra geração e jamais assumiria o trono de um país escravista. Portanto, antes de assumir o trono, tratara de livrar o país desse câncer. Entre perder o trono ou assumir como rainha de um país escravista, optou pelo primeiro e pôs mãos à obra. Foi para o tudo ou nada; afinal, para ela, só havia uma condição para ser rainha do Brasil numa sucessão que estava próxima: a abolição da escravidão.

Foi com essa altivez e com essa convicção que ela desceu de Petrópolis naquele 13 de maio de 1888. Certamente sabia que venceria o combate, aquela batalha contra as forças mais poderosas — e mais retrógradas — do país. Era assim no Parlamento, e todos os abolicionistas sabiam, que a liberdade tinha que brotar, e não em fazendas ou quilombos do interior, como dizia Joaquim Nabuco, nem nas ruas e praças das cidades, que se haveria de ganhar, ou perder, a causa da liberdade.

Era público e notório que a vitória abolicionista só seria consumada quando essa glória fosse traduzida em liberdade,

*"[...] não afiançada por palavras, mas lavrada em lei, não provada por sofistas mercenários, mas sentida pelo próprio escravo, semelhante triunfo sem resultados práticos, sem a reparação esperada pelas vítimas da escravidão, não passará de um choque na consciência humana em um organismo paralisado — que já consegue agitar-se, mas ainda não caminhar."*[232]

Enquanto assinava a Lei Áurea, a Princesa Isabel certamente devia estar repassando mentalmente todas as ideias abolicionistas que projetavam um auspicioso futuro para o país.

No convívio com os abolicionistas, a princesa havia formado a convicção de que era preciso acabar com a escravidão:

*"1. Porque a escravidão arruína economicamente o país, impossibilita o seu progresso material, corrompe-lhe o caráter, desmoraliza-lhe os elementos constitutivos, tira-lhe a energia e a resolução, rebaixa a política; habitua-o ao servilismo, impede a imigração, desonra o trabalho manual, retarda a aparição das indústrias, promove a bancarrota, desvia os capitais do seu curso natural, afasta as máquinas, excita o ódio entre classes, produz uma aparência ilusória de ordem, bem-estar e riqueza, a qual encobre os abismos de anarquia moral, de miséria e destituição que do Norte ao Sul margeiam todo o nosso futuro.*

*2. Porque a escravidão é um peso enorme que atrasa o Brasil no seu crescimento em comparação com os outros Estados sul-americanos que a não conhecem; porque, a continuar, esse regime há de forçosamente dar em resultado o desmembramento e a ruína do país; porque a conta dos seus prejuízos e lucros cessantes reduz a nada o seu apregoado ativo, e importa em uma perda nacional enorme e contínua; porque, somente quando a escravidão houver sido de todo abolida, começará a vida normal do povo, existirá mercado para o trabalho, os indivíduos tomarão o seu verdadeiro nível, as riquezas se tornarão legítimas, a honradez cessará de ser convencional, os elementos de ordem se fundarão sobre a liberdade, e a liberdade deixará de ser privilégio de classe.*

*3. Porque só com a emancipação total podem concorrer para a grande obra de uma pátria comum, forte e respeitada, os membros todos da comunhão que atualmente se acham em conflito com os outros, ou consigo mesmos: os escravos os quais estão fora do grêmio social; os senhores, os quais se veem atacados como representantes de um regime condenado; os inimigos da escravidão, pela sua incompatibilidade com esta; a massa, inativa, da população a qual é vítima desse monopólio da terra e dessa maldição do trabalho; os brasileiros em geral que ela condena a formarem, como forma, uma nação de proletários.*

*Cada um desses motivos, urgentes por si sós, bastaria para fazer refletir sobre a conveniência de suprimir, depois de tanto tempo, um sistema social tão contrário aos interesses de toda a ordem de um povo moderno, como é a escravidão. Convergentes, porém, e entrelaçados, eles impõem tal supressão como uma reforma vital que não pode ser adiada sem perigo."*[233]

A Princesa Isabel trazia nos ombros o enorme ônus da escravidão. Trazia a vergonha que a imensa maioria do povo sentia de viver num país onde uma minoria insistia em cultivar o trabalho escravo, que se recusava em aderir a um novo mundo, a um novo tempo que havia muito já chegara.

Trazia nos ombros também a esperança, os anseios e os desejos da esmagadora maioria da população, que desde 1822 — desde a independência — constituía o que Joaquim Nabuco chamara de partido abolicionista. Livrar-se do peso da escravidão naquele 13 de maio de 1888 era livrar-se de um peso de mais de 300 anos. Um peso que o Brasil carregava, mas que já havia passado de todos os limites.

Quando a Princesa Isabel — naquela altura já rainha do Brasil — deixou o Paço Imperial na tarde daquele dia 13 de maio de 1888, ela havia, e sabia disso, feito a maior e mais importante revolução da História do Brasil.

## O REINO QUE NÃO ERA DESTE MUNDO

Contudo, os derrotados nessa batalha, nessa guerra de séculos, haviam, sim, perdido um campo enorme na seara política, estavam acuados, atordoados, desorientados, mas também raivosos e, claro, imbuídos do espírito de vingança. Era preciso se armar contra eles, contra toda a resistência que certamente surgiria.

Um diálogo entre o Primeiro-Ministro Saraiva e D. Pedro II nos dá bem a dimensão de quão longe a Princesa Isabel havia chegado. Diz o imperador, questionando Saraiva sobre o forte descontentamento do setor escravista com a monarquia e com os debates já adiantados sobre a República: *"E minha filha?"*. Ao que Saraiva respondeu: *"O reinado de vossa filha não é deste mundo."*

E não era mesmo, era muito progressista para aqueles racistas antiquados e retrógrados.

O dia 15 de novembro de 1889 foi, lamentavelmente, o mais duro golpe e a mais dura consequência do 13 de maio de 1888. O dia 15 de novembro, ou seja, a queda da monarquia e a proclamação da república, viria necessariamente, no máximo, um ano após o fim da escravidão, tivesse ela sido feita em 1823, em 1850, em 1871 ou em qualquer outra data.

O estamento que era dono do poder não se conformava em perdê-lo. Se a monarquia não os queria mais como aliados, que desaparecesse a monarquia.

E assim foi.

# BIBLIOGRAFIA

ABOLIÇÃO NO PARLAMENTO: 1823-1888, 65 ANOS DE LUTA, A. Vol. I, Senado Federal, Brasília, 2012.

ABOLIÇÃO NO PARLAMENTO: 1823-1888, 65 ANOS DE LUTA, A. Vol. II, Senado Federal, Brasília, 2012.

ACERVO da Biblioteca Nacional de Lisboa.

ACERVO da Biblioteca Nacional. Rio de Janeiro.

ACERVO do Arquivo Nacional da Torre do Tombo.

ACERVO do arquivo Sérgio Buarque de Holanda. Biblioteca Central, Coleções Pessoais, UNICAMP, Campinas.

ACERVO do CEDAP. UNESP — Faculdade de Ciências e Letras. Assis.

ALENCASTRO, C. F. *O trato dos viventes: formação do Brasil no Atlântico Sul*. São Paulo: Companhia das Letras, 2000.

ALGRANTI, L. M. *O feitor ausente. Estudo sobre a escravidão urbana no Rio de Janeiro 1808-1821*. Petrópolis: Vozes, 1988.

ALMEIDA, T. F. *O Brasil e a Inglaterra: o tráfico de africanos*. Tipografia Perseverança. Rio de Janeiro, 1868.

ANAIS DO PARLAMENTO BRASILEIRO — CÂMARA DOS DEPUTADOS.

ANAIS DO SENADO DO IMPÉRIO DO BRASIL.

ANAIS DA CÂMARA DOS DEPUTADOS.

ANDRADA E SILVA, J. B. Representação à Assembleia Geral Constituinte e Legislativa do Império do Brasil sobre a escravatura. Paris, 1825.

ARQUIVO DIPLOMÁTICO DA INDEPENDÊNCIA. Vol. I, Tomo I, Grã-Bretanha, Fundação Alexandre de Gusmão, Brasília, 2018.

ARRIGHI, G. *O longo século XX*. São Paulo: Editora Unesp, 1996.

BARBOZA, F. A. *Raízes de Sérgio Buarque de Holanda*. Rio de Janeiro: Rocco, 1988.

BARRETO, Tobias. "O fundamento do direito de punir". *In*: BARRETO, Tobias. *Menores e loucos, Obras Completas*, Vol. V, Edição do Estado de Sergipe, 1926.

BETHELL, L. *A abolição do comércio brasileiro de escravos*. Coleção Biblioteca Básica Brasileira, Senado Federal, Brasília, 2002.

BETHELL, L.; CARVALHO, J. M. de. *Joaquim Nabuco e os abolicionistas britânicos: correspondência 1880-1905*. Rio de Janeiro: Topbooks, 2008.

BRANDÔNIO. "Diálogo das grandezas do Brasil". *In*: MELLO, E. C. *O negócio do Brasil*. Rio de Janeiro: Topbooks, 1998.

BRAUDEL, F. *Civilização material e capitalismo nos séculos XV-XVIII*. Coleção Rumos do Mundo, Vol. 10, Lisboa: Cosmos, 1970.

_____. *O Mediterrâneo e o mundo mediterrâneo na época de Filipe II*. Vol. I, Ciudad del México: Fondo de Cultura Economica, 1953.

_____. *O Mediterrâneo e o mundo mediterrâneo na época de Filipe II*. Vol. II, Ciudad del México: Fondo de Cultura Economica, 1953.

CALÓGERAS, J. P. *A política exterior do Império: as origens*. Vol. I, Coleção Biblioteca Básica Brasileira, Senado Federal, Brasília, 1998.

_____. *A política exterior do Império: da Regência à queda de Rozas*. Vol. III, Coleção Biblioteca Básica Brasileira, Senado Federal, Brasília, 1998.

_____. *A política exterior do Império: o primeiro reinado*. Vol. II, Coleção Biblioteca Básica Brasileira. Senado Federal. Brasília, 1998.

_____. *Estudos históricos e políticos*. São Paulo: Ed. Cia Editora Nacional, 1936.

CAPISTRANO, A. *Caminhos antigos e povoamento do Brasil*. Rio de Janeiro: Edição da Sociedade Capistrano de Abreu, 1930.

CARVALHO, J. M. de. *A formação das almas. O imaginário da República no Brasil*. São Paulo: Companhia das Letras, 1990.

_____. *Os bestializados. O Rio de Janeiro e a República que não foi*. São Paulo: Companhia das Letras, 1987.

_____. *A construção da ordem e teatro das sombras*. Rio de Janeiro: UFRJ/Relume--Dumará, 1997.

CASCUDO, L. da C. *O conde d'Eu*. Rio de Janeiro: Editora Nacional, 1933.

CASTRO, H. M. M. de. *Escravidão e cidadania no Brasil monárquico*. Rio de Janeiro: Zahar, 2000.

_____. *Das cores do silêncio: os significados da liberdade no Sudeste escravista — Brasil século XIX*. Rio de Janeiro: Arquivo Nacional, 1995.

CHALHOUB, S. *Cidade febril: cortiços e epidemias na corte imperial*. São Paulo: Companhia das Letras, 1996.

_____. *Trabalho, lar e botequim: o cotidiano dos trabalhadores no Rio de Janeiro da Belle Époque*. São Paulo: Brasiliense, 1986.

_____. *Visões da liberdade: uma história das últimas décadas da escravidão na corte*. São Paulo: Companhia das Letras, 1990.

CHATELET, F. *História das ideias políticas*. São Paulo: Zahar, 1985.

CHAUÍ. M. *Brasil: mito fundador e sociedade autoritária*. São Paulo: Editora Fundação Perseu Abramo, 2000.

CÓDIGO CRIMINAL DO IMPÉRIO DO BRASIL DE 1830.

COLEÇÃO DAS LEIS DO IMPÉRIO DO BRASIL. Rio de Janeiro, RJ. Typographia Nacional.

CONRAD, R. *Os últimos anos da escravatura no Brasil: 1850-1888*. Rio de Janeiro: Civilização Brasileira, 1975.

COSTA, E. V. *Da senzala à colônia*. São Paulo: Difel, 1966.

_____. *Escravidão nas áreas cafeeiras*. Tese de livre-docência. Universidade de São Paulo. São Paulo, 1964.

COSTA, M. *A história do Brasil para quem tem pressa*. Rio de Janeiro: Valentina, 2016.

_____. *O livro obscuro do descobrimento do Brasil*. São Paulo: Leya, 2019.

_____. *O reino que não era deste mundo*. Rio de Janeiro: Valentina, 2015.

CONSTITUIÇÃO DE 1824.

CRUZ, J. C. *Contribuição à história das ideias no Brasil*. Rio de Janeiro: Civilização Brasileira, 1956.

DA MATTA, R. *A Casa & a Rua*. Rio de Janeiro: Rocco, 2000.

_____. *Carnavais, malandros e heróis*. Rio de Janeiro: Zahar, 1981.

DAVIS, D. B. *O problema da escravidão na cultura ocidental*. Rio de Janeiro: Civilização Brasileira, 2001.

DEBRET, J. B. *Viagem pitoresca e histórica ao Brasil*. São Paulo: Círculo do Livro, 1985.

DIAS, C. M. *História da colonização portuguesa no Brasil*. Vol. I, Porto, 1921-1924.

_____. *História da colonização portuguesa no Brasil*. Vol. II, Porto, 1921-1924.

_____. *História da colonização portuguesa no Brasil*. Vol. III, Porto, 1921-1924.

FALAS DO TRONO: 1823-1889. Edições do Senado Federal, Brasília, 2019.

FERNANDES, F. *A integração do negro na sociedade de classes*. 3ª ed. São Paulo: Ática, 1978.

FLORENTINO, M. "Dos escravos, forros e fujões no Rio de Janeiro imperial". *Revista da USP — Dossiê Brasil Império*, nº 58, pp.104-115, São Paulo, 2003.

_____. *Tráfico, cativeiro e liberdade: Rio de Janeiro, séculos XVII-XIX*. Rio de Janeiro: Civilização Brasileira, 2005.

FONTANA, J. *História: análise do passado e projeto social*. Bauru: Editora da Universidade do Sagrado Coração. Edusc, 1998.

FRANCO, M. S. C. *Homens livres na ordem escravocrata*. São Paulo: Editora Unesp, 2002.

FREYRE, G. *Sobrados e mocambos*. Rio de Janeiro: Record, 1990.

FREITAS, C. *George Canning e o Brasil*. 2 volumes, Rio de Janeiro: Editora Nacional, 1958.

FURTADO, C. *Formação econômica do Brasil*. Brasília: UNB, 1963.

_____. *Raízes do subdesenvolvimento*. Rio de Janeiro: Civilização Brasileira, 2003.

GEBARA, A. *O mercado de trabalho livre no Brasil (1871-1888)*. São Paulo: Brasiliense, 1986.

GOMES, F. *História de quilombolas. Mocambos e comunidades de senzalas no Rio de Janeiro — século XIX*. Rio de Janeiro: Arquivo Nacional, 1995.

GOMES, F. (Org.). *Liberdade por um fio. História dos quilombos no Brasil*. São Paulo: Companhia das Letras, 1996.

GRINBERG, K. *O fiador dos brasileiros: cidadania, escravidão e direito civil no tempo de Antonio Pereira Rebouças*. Rio de Janeiro: Civilização Brasileira, 2002.

GUIMARÃES, M. L. S. "Nação e civilização nos trópicos". *Revista Estudos Históricos*, nº 1, Rio de Janeiro, 1988.

HOLANDA, S. B. *Caminhos e fronteiras*. Rio de Janeiro: José Olympio, 1975.

_____. "Governo geral, colonos hebreus e a cultura açucareira". *In*: HOLANDA, S. B. *História geral da civilização brasileira. A época colonial*, Tomo II, São Paulo: Difel, 1973, pp. 106-7.

_____. "História das mentalidades e história cultural". *In*: *Domínios da história*. Rio de Janeiro: Campus, 1997.

_____. *História geral da civilização brasileira*. Tomo I, Vol. 2, A época colonial. São Paulo: Difel, 1973.

_____. *Livro dos prefácios*. São Paulo: Companhia das Letras, 1996.

_____. *Monções*. São Paulo: Alfa-Ômega, 1976.

_____. *Raízes do Brasil*. São Paulo: Companhia das Letras, 1995.

_____. "Sérgio Buarque de Holanda: historiador da cultura material". *In*: Cândido, A. (org.) *Sérgio Buarque de Holanda e o Brasil*. São Paulo: Editora Fundação Perseu Abramo, 1998.

_____. *Tentativas de mitologia*. São Paulo: Perspectiva, 1979.

_____. *Visão do paraíso*. Rio de Janeiro: José Olympio, 1959.

IANNI, O. *Raças e classes sociais no Brasil*. Rio de Janeiro: Civilização Brasileira, 1966.

JORNAL *DIÁRIO FLUMINENSE*.

JORNAL *O ABOLICIONISTA*.

JORNAL DO COMMERCIO.

KARASCH, M. C. *A vida dos escravos no Rio de Janeiro (1808-1850)*. São Paulo: Companhia das Letras, 2000.

LACOMBE, L. L. *Isabel, a princesa redentora*. Petrópolis: Instituto Histórico de Petrópolis, 1989.

LASKI, J. H. *O liberalismo europeu*. São Paulo: Mestre Jou, 1973.

LEITE, S. *Páginas da história do Brasil*. São Paulo: Cia Editora nacional, 1937.

LYRA, H. *História da queda do Império*. Tomo I, São Paulo: Companhia Editora Nacional, 1964.

_____. *História da queda do Império*. Tomo II, São Paulo: Companhia Editora Nacional, 1964.

_____. *História de D. Pedro II — 1825-1891. Ascensão 1825-1870*. São Paulo: USP, 1977.

_____. *História de D. Pedro II — 1825-1891. Declínio 1880-1891*. São Paulo: USP, 1977.

_____. *História de D. Pedro II — 1825-1891. Fastígio 1870-1880*. São Paulo: USP, 1977.

MANIFESTO DA CONFEDERAÇÃO ABOLICIONISTA DO RIO DE JANEIRO.

MAGALHÃES JR., R. *Deodoro — a espada contra o Império*. São Paulo: Companhia Editora Nacional, 1957.

MALHEIRO, A. M. P. *A escravidão no Brasil: ensaio histórico, jurídico e social*. Vol. II, Rio de Janeiro: Editora Tipografia Nacional, 1866

MELLO, E. C. *O negócio do Brasil*. Rio de Janeiro: Topbooks, 1998.

_____. *Olinda restaurada*. Rio de Janeiro: Topbooks, 1998.

MENCK, J. T. M. *José Bonifácio de Andrada: patriarca da nacionalidade*. Brasília: Câmara dos Deputados, 2019.

NABUCO, J. *Manifesto da Sociedade Brasileira Contra a Escravidão*. Rio de Janeiro, G. Leusinger, 1880.

_____. *Minha formação*. Brasília: Edições Câmara, 2019.

_____. *Um estadista no Império*. Rio de Janeiro: Editora H. Garnier, 1898.

_____. *O abolicionismo*. Brasília: Senado Federal, 2003.

NIANE, D. T. *História geral da África*. Tomo IV, UNESCO, 2010.

ORTIZ, R. *Cultura brasileira e identidade nacional*. São Paulo: Brasiliense, 1985.

PINHO, W. *Cartas do imperador Dom Pedro II ao barão de Cotegipe*. Rio de Janeiro: Companhia Editora Nacional, 1933.

_____. *Política e políticos do Império*. Rio de Janeiro: Imprensa Nacional, 1930.

PRADO JR., C. *Formação do Brasil contemporâneo*. Coleção Grandes Estudos Brasiliense, Vol. I, São Paulo: Brasiliense, 1945.

PRADO, P. *Retrato do Brasil: ensaio sobre a tristeza brasileira*. Rio de Janeiro: José Olympio, 1962.

QUENTAL, A. *Causas da decadência dos povos ibéricos*. Porto: Typographia Commercial, 1871.

RANGEL, A. *Gastão de Orléans*. São Paulo: Companhia Editora Nacional, 1935.

REBOUÇAS, A. *Diário e notas autobiográficas*. Rio de Janeiro: José Olympio, 1938.

REIS, J. J.; SILVA, E. *Negociação e conflito: a resistência negra no Brasil escravista*. São Paulo: Companhia das Letras, 1989.

*REVISTA DO INSTITUTO HISTÓRICO E GEOGRÁFICO DO BRASIL.*

*REVUE DES DEUX MONDES.*

RIBEIRO, D. *O povo brasileiro*. São Paulo: Companhia das Letras, 1995.

RIO, J. do. *A alma encantadora das ruas*. São Paulo: Editora Matim Claret, 2007.

ROUGE, A. *A agitação abolicionista*, na R. I. H.

RUBY, C. *Introdução à filosofia política*. São Paulo: Editora Unesp, 1998.

SCHWARCZ, L. M. *O espetáculo das raças. Cientistas, instituições e questão racial no Brasil 1870-1930*. São Paulo: Companhia das Letras, 1993.

SILVA, E. *As camélias do Leblon e a abolição da escravatura. Uma investigação de história cultural*. São Paulo: Companhia das Letras, 2003.

SIMMEL, G. *A metrópole e a vida mental*. Illinois: Chicago Press, 1950.

SKIDMORE, T. E. *Preto no branco: raça e nacionalidade no pensamento brasileiro*. Rio de Janeiro: Paz e Terra, 1976.

SMITH, A. *A riqueza das nações*. São Paulo: Nova Cultural, 1996.

SOARES, L. C. "Os escravos de ganho no Rio de Janeiro do século XIX". *Escravidão — Revista Brasileira de História*, Vol. 16, p. 107-142, São Paulo, 1988.

SOUZA, M. M. *Reis negros no Brasil escravista: história da festa de coroação de Rei Congo*. Belo Horizonte: Editora UFMG, 2002.

SOUZA, O. T. *O pensamento vivo de José Bonifácio*. São Paulo: Martins Fontes, s/d.

TAUNAY, A. E. *História geral das bandeiras paulistas*. Tomo III, São Paulo: Typographia Ideal, H. L. Canton, 1927.

VARNHAGEN, A. F. *História geral do Brasil*. Tomo I, Rio de Janeiro: Ed. E. H. Laemmert, 1877.

VIANA, O. *Evolução do povo brasileiro*. Rio de Janeiro: José Olympio, 1956.

WEBER, M. *A ética protestante e o espírito do capitalismo*. São Paulo: Martin Claret, 2006.

_____. *Economia e sociedade*. Brasília: Editora UnB, 2012

WILLIAMS, E. *Capitalism and Slavery*. Virgínia: University of North Carolina Press, 1944.

# FONTE DAS IMAGENS

Páginas 18: Slavery Images: A Visual Record of the African Slave Trade and Slave Life in the Early African Diaspora: www.slaveryimages.org

Página 26: FELISBERTO CALDEIRA BRANT PONTES DE OLIVEIRA HORTA. Sisson, S. A. (Sebastião Augusto), 1824-1898. Galeria dos brasileiros ilustres. Brasília: Senado Federal: 1999

Página 34: JOSÉ BONIFÁCIO DE ANDRADA E SILVA. Sisson, S. A. (Sebastião Augusto), 1824-1898. Galeria dos brasileiros ilustres. Brasília: Senado Federal: 1999

Página 52: Slavery Images: A Visual Record of the African Slave Trade and Slave Life in the Early African Diaspora: www.slaveryimages.org

Página 76: ROMUALDO ANTÔNIO DE SEIXAS. Sisson, S. A. (Sebastião Augusto), 1824-1898. Galeria dos brasileiros ilustres. Brasília: Senado Federal: 1999

Página 95: ANTÔNIO PEREIRA REBOUÇAS. O Novo Mundo: *Periodico Illustrado do Progresso da Idade*. Nova York, v. 5, n. 53, p. 1, 22 fev. 1875

Página 95: ANDRÉ REBOUÇAS. Retrato de André Rebouças, por Rodolfo Bernardelli – 1857. Coleção Museu Histórico Nacional

Página 110: Slavery Images: A Visual Record of the African Slave Trade and Slave Life in the Early African Diaspora: www.slaveryimages.org

Página 122: ANTÔNIO CARLOS RIBEIRO DE ANDRADA MACHADO E SILVA. Sisson, S. A. (Sebastião Augusto), 1824-1898. Galeria dos brasileiros ilustres. Brasília: Senado Federal: 1999

Página 124: GEORGE HAMILTON-GORDON, 4º CONDE DE ABERDEEN. Divisão de Gravuras e Fotografias da Biblioteca do Congresso dos Estados Unidos

Página 131: ANTÔNIO PAULINO LIMPO DE ABREU. Sisson, S. A. (Sebastião Augusto), 1824-1898. Galeria dos brasileiros ilustres. Brasília: Senado Federal: 1999

Página 136: Slavery Images: A Visual Record of the African Slave Trade and Slave Life in the Early African Diaspora: www.slaveryimages.org

Página 148: Slavery Images: A Visual Record of the African Slave Trade and Slave Life in the Early African Diaspora: www.slaveryimages.org

Página 154: EUSÉBIO DE QUEIRÓS COUTINHO MATOSO DA CÂMARA. Sisson, S. A. (Sebastião Augusto), 1824-1898. Galeria dos brasileiros ilustres. Brasília: Senado Federal: 1999

Página 160: Slavery Images: A Visual Record of the African Slave Trade and Slave Life in the Early African Diaspora: www.slaveryimages.org

Página 162: Slavery Images: A Visual Record of the African Slave Trade and Slave Life in the Early African Diaspora: www.slaveryimages.org

Página 167: D. PEDRO II. Sisson, S. A. (Sebastião Augusto), 1824-1898. Galeria dos brasileiros ilustres. Brasília: Senado Federal: 1999

Página 168: Fonte: Slavery Images: A Visual Record of the African Slave Trade and Slave Life in the Early African Diaspora: www.slaveryimages.org

Página 180: LUÍS FILIPE MARIA FERNANDO GASTÃO DE ORLÉANS, O CONDE D'EU. www.garystockbridge617.getarchive.net/media/gastao-de-orleans-conde-deu-048b64

Página 204: ISABEL, PRINCESA IMPERIAL DO BRASIL. J. Courtois. Isabel, Princesa do Brasil. Acervo FBN

Página 205: D. PEDRO II E SUA COMITIVA VISITANDO AS PIRÂMIDES DO EGITO, 1876. Wikimedia/Commons

Página 206: Slavery Images: A Visual Record of the African Slave Trade and Slave Life in the Early African Diaspora: www.slaveryimages.org

Página 211: JOAQUIM AURÉLIO BARRETO NABUCO DE ARAÚJO. Gravura. Acervo FBN

Página 212: JOSÉ CARLOS DO PATROCÍNIO. Wikimedia/Commons

Página 214: LUIZ GONZAGA PINTO DA GAMA. Wikimedia/Commons

Página 219: RUI BARBOSA DE OLIVEIRA. www.academia.org.br/academicos/rui-barbosa/biografia

Página 222: Slavery Images: A Visual Record of the African Slave Trade and Slave Life in the Early African Diaspora: www.slaveryimages.org

Página 225: JOÃO ALFREDO CORREIA DE OLIVEIRA. Wikimedia/Commons

Página 234: Slavery Images: A Visual Record of the African Slave Trade and Slave Life in the Early African Diaspora: www.slaveryimages.org

Página 236: MANUEL DEODORO DA FONSECA. www.gov.br/planalto/pt-br/conheca-a-presidencia/acervo/galeria-de-presidentes/manoel-deodoro-da-fonseca-2

# NOTAS

## PARTE I – O FIM DO TRÁFICO DE ESCRAVOS

1   Costa, M. *O reino que não era deste mundo*. Editora Valentina, 2015, p. 216.

2   Holanda, S. B. *Raízes do Brasil*. Editora Companhia das Letras, 1995, p. 41.

## CAPÍTULO 1 · 1822 · OS PRIMEIROS PASSOS

3   Arquivo Diplomático da Independência. Vol. 1, Ministério das Relações Exteriores, 1972, p. 68.

4   *Ibid.*, p. 68.

5   *Ibid.*, p. 70.

6   *Ibid.*, p. 71.

7   *Ibid.*, Id.

8   *Ibid.*, p. 77.

9   *Ibid.*, p. 79.

10  *Ibid.*, Id.

11  Calógeras, J. P. *A política exterior do Império*. Vol. 2, Editora Brasiliana, 1989, pp. 22-3.

12  *Ibid.*, Id.

13  *Ibid.*, Id.

14  Arquivo Diplomático da Independência. *Op. cit.*, p. 81, rodapé 42.

## CAPÍTULO 2 · 1823 · O PROJETO DE BONIFÁCIO

15  Sousa, O. T. *O pensamento vivo de José Bonifácio*. Editora Martins, s/d, p. 34.

16  *Ibid.*

17  *Ibid.*, p. 35.

18  *Ibid.*, pp. 35-6.

19  *Ibid.*, p. 36.

20  Cf. sobre este assunto o livro: Franco, M. S. C. *Homens livres na ordem escravocrata*. Editora Unesp, 2002.

21  Nabuco, J. *O abolicionismo*. Editora Nova Fronteira, 2000, p. 155.

22  Sousa, O. T. *Op. cit.,* p. 37.

23  *Ibid.*, p. 39.

24  *Ibid.*, p. 40.

25  *Ibid.*, p. 38.

26  Holanda, S. B. *Op. cit.*, 1995, pp. 80-2.

27  Sousa, O. T. *Op. cit.,* p. 41.

28  *Ibid.,* Id.

29  *Ibid.*, pp. 41-2.

30  *Ibid.*, pp. 42-3.

31  *Ibid.*, p. 43.

32  *Ibid.*, p. 44.

33  *Ibid.,* Id.

34  *Ibid.*, p. 45.

35  *Ibid.,* Id.

36  *Ibid.,* Id.

37  *Ibid.,* Id.

38  *Ibid.,* Id.

39  *Ibid.*, p. 47.

40  *Ibid.*, p. 48.

41  *Ibid.*, p. 50.

42  *Ibid.*, p. 12.

43  *Ibid.*, p. 13.

44  *Ibid.*, p. 14.

45  *Ibid.*, p. 16.

46  Cf. Menck, J. T. M. *José Bonifácio de Andrada: patriarca da nacionalidade.* Edições Câmara, 2019.

## CAPÍTULO 3 · 1825 · A ABOLIÇÃO COMO PRECONDIÇÃO DA INDEPENDÊNCIA

47  Bethell, L. *A abolição do comércio brasileiro de escravos.* Senado Federal, 2002, p. 69.

48  *Ibid.*, p. 70.

49  *Ibid.,* Id.

50  *Ibid.,* p. 69.

51  *Ibid.,* p. 73.

52  Publicado em *Diario Fluminense,* de 14 de novembro de 1825.

53  *Ibid.,* Id.

54  Anais do Parlamento Brasileiro. Sessão de 19 de maio de 1826, p. 85.

55  Bethell, L. *Op. cit.,* p. 80.

56  *Ibid.,* p. 82.

## CAPÍTULO 4 · 1827 · UM TRATADO PARA INGLÊS VER

57  Cf. Constituição de 1824.

58  Cf. Anais da Câmara dos Deputados. Sessão de 2 de julho de 1827, pp. 15-6.

59  *Ibid.,* p. 16.

60  *Ibid.,* p. 17.

61  *Ibid.,* Id.

62  *Ibid.,* Id.

63  *Ibid.,* Id.

64  *Ibid.,* p. 18.

65  *Ibid.,* Id.

66  *Ibid.,* Id.

67  *Ibid.,* pp. 19-20.

68  *Ibid.,* p. 20.

69  *Ibid.,* pp. 22-3.

70  Anais da Câmara dos Deputados. Sessão de 3 de julho de 1827, pp. 26-8.

71  *Ibid.,* p. 29.

72  *Ibid.,* pp. 29-30.

73  *Ibid.,* pp. 30-1.

74  *Ibid.,* pp. 31-2.

75  *Ibid.,* pp. 32-4.

76  *Ibid.,* pp. 34-5.

77  *Ibid.,* pp. 40-1.

78  *Ibid.,* p. 41.

79  Anais da Câmara dos Deputados. Sessão de 4 de julho de 1827, p. 43.

**CAPÍTULO 5 · 1831 · A LEI DE 1831: TODOS OS ESCRAVOS ESTARÃO LIVRES**

80  Cf. Coleção das Leis do Império do Brasil — 1826 a 1829. Vol. II, Imprensa Nacional, pp. 48-9.

81  *Ibid.*, p. 546.

82  Cf. Falas do trono: D. Pedro I, D. Pedro II e Princesa Isabel. Edições do Senado Federal, p. 156.

83  Cf. Souza, B. F. H. *Código Criminal do Império do Brasil*, 1858.

84  Anais da Câmara dos Deputados. Sessão de 15 de setembro de 1830, p. 513.

85  *Ibid.*, pp. 514-5.

86  *Ibid.*, p. 516.

87  Cf. Coleção das Leis do Império do Brasil — 1831. Parte I, Imprensa Nacional, p. 194.

**CAPÍTULO 6 · 1835 · O ATO ADICIONAL À CONSTITUIÇÃO DE 1834: A RESISTÊNCIA DOS TRAFICANTES**

88  Cf. Coleção das Leis do Império do Brasil — 1832 a 1833. Vol. I, Imprensa Nacional, pp. 139-141.

89  Cf. Weber, M. *Economia e sociedade*. Editora UnB, 2012.

90  Bethell, L. *Op. cit.*, p. 94.

91  *Ibid.*, p. 105.

92  Cf. Coleção das Leis do Império do Brasil — 1835. Parte I, Imprensa Nacional, p. 23.

93  Bethell, L. *Op. cit.*, p. 99.

94  *Ibid.*, p. 239.

95  *Ibid.*, Id.

96  *Ibid.*, Id.

97  *Ibid.*, p. 241.

**CAPÍTULO 7 · 1840 · O BRASIL TENTOU VOAR, PORÉM LORDE ABERDEEN LHE CORTOU AS ASAS**

98  Cf. Malheiro, A. M. P. *A escravidão no Brasil: ensaio histórico, jurídico e social*. Vol. II, Editora Tipografia Nacional, 1866, pp. 186-192.

99 *Ibid.,* Id.

100 *Ibid.,* Id.

101 Bethell, J. *Op. cit.,* p. 121.

102 *Ibid.,* p. 280.

103 *Ibid.,* p. 284.

104 *Ibid.,* Id.

105 Cf. Anais do Parlamento Brasileiro — 1845, p. 344.

106 *Ibid.,* pp. 344-6.

107 *Ibid.,* pp. 346-7.

108 *Ibid.,* pp. 353-4.

109 *Ibid.,* pp. 362-3.

110 *Ibid.,* p. 373.

111 *Ibid.,* p. 376.

112 *Ibid.,* pp. 379-381.

113 *Ibid.,* pp. 398-9.

114 *Ibid.,* p. 401.

115 Bethell, L. *Op. cit.,* p. 287.

116 *Ibid.,* p. 288.

117 *Ibid.,* p. 292.

118 *Ibid.,* p. 293.

## CAPÍTULO 8 · 1845 · A LEGAÇÃO IMPERIAL BRASILEIRA EM LONDRES NÃO IMPRESSIONOU OS INGLESES

119 Bonavides, P; Amaral, R. *Textos políticos da História do Brasil.* Vol. II. Editora do Senado Federal, 1996, p. 131.

120 *Ibid.,* Id.

121 *Ibid.,* p. 132.

122 *Ibid.,* p. 133.

123 *Ibid.,* Id.

124 Cf. *A Abolição no Parlamento.* Vol. I, Publicações do Senado Federal, 2012, p. 128.

125 *Ibid.,* Id.

126 *Ibid.,* p. 129.

127  *Ibid.*, pp. 129-130.

128  *Ibid.*, p. 137.

129  Bethell, L. *Op. cit.*, p. 308.

130  Bonavides, P; Amaral, R. *Op. cit.*, p. 140.

131  *Ibid.,* Id.

132  *Ibid.,* Id.

133  *Ibid.,* Id.

134  *Ibid.*, p. 143.

135  *Ibid.*, p. 136.

136  *Ibid.*, p. 144.

137  *Ibid.*, pp. 145-6.

138  *Ibid.*, p. 148.

## CAPÍTULO 9 · 1848 · EM MEIO AOS DEBATES, A DISSOLUÇÃO DA CÂMARA DOS DEPUTADOS

139  Bethell, L. *Op. cit.*, p. 317.

140  *Ibid.*, p. 322.

141  Anais da Câmara dos Deputados. Sessão de 1º de setembro de 1848, pp. 328-9.

142  *Ibid.*, p. 333.

143  *Ibid.*, Sessão de 5 de setembro de 1848, pp. 344-6.

144  *Ibid.*, pp. 346-7.

145  *Ibid.*, Id.

146  *Ibid.*, p. 347.

147  *Ibid.*, Sessão de 6 de setembro de 1848, p. 351.

148  Cf. Homem, F. S. T. *O libelo do povo.* Typ. da Nação, 1868, p. 452.

149  Cf. Anais da Câmara dos Deputados. Sessão de 5 de outubro de 1848.

150  Cf. Homem, F. S. T. *Op. cit.*

## CAPÍTULO 10 · 1850 · NAVIOS DE GUERRA INGLESES RONDAM O BRASIL, E EUSÉBIO DE QUEIRÓS RESOLVE AGIR

151  Bethell, L. *Op. cit.*, p. 374.

152  *Ibid.*, Id.

153  *Ibid.*, p. 375.

154 Anais do Parlamento Brasileiro. Sessão de 28 de junho de 1850, p. 575.

155 *Ibid.*, p. 576.

156 *Ibid.*, p. 587.

157 Cf. Ata de 11 de julho de 1850 da reunião do Conselho dos Ministros.

158 Bethell, L. *Op. cit.*, p. 358.

159 Anais da Câmara dos Deputados. Sessão de 12 de julho de 1850.

160 *Ibid.*

161 *Ibid.*

162 Anais da Câmara dos Deputados. Sessão de 15 de julho de 1850.

163 Bethell, L. *Op. cit.*, p. 385.

164 Bonavides, P; Amaral, R. *Op. cit.*, p. 212.

165 Cf. Jornal *Correio Mercantil*. Rio de Janeiro, 20 de janeiro de 1850.

## PARTE II – O COMEÇO DO FIM DA ESCRAVIDÃO. POR QUE O TRÁFICO CESSOU?

166 Bethell, L. *Op. cit.*, p. 356.

167 *Ibid.*, Id.

168 *Ibid.*, Id.

169 Malheiro, P. *Op. cit.*, pp. 60-63.

## CAPÍTULO 11 · 1860 · UMA BOMBA EXPLODIU NO BRASIL: O DECRETO 3.310

170 Anais da Câmara dos Deputados, tomo 1. Sessão de 4 de junho de 1852, p. 169.

171 Malheiro, P. *Op. cit..* Vol. II, pp. 255-6.

172 *Ibid.*, Id.

173 *Ibid.*, Id.

174 *Ibid.*, p. 223.

175 Lei 3310. 24 de setembro de 1864, Câmara dos Deputados, publicação original.

176 Coleção de Leis do Império do Brasil — 1864. Vol. 1, p. 160, publicação original.

177 Lyra, H. *História de D. Pedro II. Ascensão, Fastígio e Declínio. Declínio 1880-1891*. Vol. 3, Editora Itatiaia, 1977.

178 *Ibid.*, Id.

179 Decreto 3.725 de 6 de novembro de 1866. Câmara dos Deputados, publicação original.

180 Cf. Falas do Trono: D Pedro I, D. Pedro II e Princesa Isabel. Senado Federal, Conselho Editorial, p. 485.

181 Cf. jornal *O abolicionista*. Rio de Janeiro, novembro de 1880.

182 *Ibid.*, Id.

183 Lyra, H. *História de D. Pedro II. Ascensão, Fastígio e Declínio. Fastígio 1870-1880*. Vol. 2, Editora Itatiaia, 1977, p. 164.

184 Cf. *Revue des Deux Mondes*, 15 de fevereiro de 1870, pp. 1026-7.

185 *Ibid.*, Id.

186 Cf. Decreto de 2 de outubro de 1869. Arquivo da Câmara dos deputados do Paraguay. http://www.diputados.gov.py/WebSiteLeyes/1869/py02101869_Esclavitud.pdf
## CAPÍTULO 12 · 1866 · O RAME-RAME DAS CÂMARAS E A VELHA PROCRASTINAÇÃO DE SEMPRE

187 Cf. *A Abolição no Parlamento*. Vol. I, Secretaria Especial de Editoração e Publicações (SEEP), 2012, p. 241.

188 Lyra, H. *História de D. Pedro II. Ascensão, Fastígio e Declínio. Fastígio 1870-1880*. Vol. 2, Editora Itatiaia, 1977, p. 163.

189 *Ibid.*, p. 165.

190 *Ibid.*, p. 166.

191 *Ibid.*, Id.
## CAPÍTULO 13 · 1871 · O TRÂMITE E A APROVAÇÃO DA LEI DO VENTRE LIVRE

192 Falas do Trono: D Pedro I, D. Pedro II e Princesa Isabel. Senado Federal, Conselho Editorial, 3 de maio de 1871.

193 Cf. A Abolição no Parlamento: 65 Anos de Luta (1823-1888). Vol. I, p. 466.

194 Anais da Câmara dos Deputados. Sessão de 29 de maio de 1871, pp. 103-5.

195 *Jornal do Commercio*.

196 *Ibid.*, p. 106.
262 • MARCOS COSTA

197 *Ibid.*, pp. 107-9.

198 *Ibid.*, pp. 112-5.

199 *Ibid.*, p. 117.

200 Nabuco, J. *Op. cit.*, p. 26.

201 *Ibid.*, Id.

202 *Ibid.*, Id.

203 Lei 2.040. Lei do Ventre Livre, Arquivo Nacional.

204 Cf. *Jornal do Commercio*, 17 de julho de 1885.

205 Cf. A Abolição no Parlamento. Vol. II.

206 Nabuco, J. *Op. cit.*, p. 34.

207 Lyra, H. *História de D. Pedro II. Ascensão, Fastígio e Declínio. Fastígio 1870-1880*. Vol. 2, Editora Itatiaia, p. 174.

208 *Ibid.*, Id.

209 *Ibid.*, p. 188.

## CAPÍTULO 14 · 1880 · OS ABOLICIONISTAS E A SOCIEDADE BRASILEIRA CONTRA A ESCRAVIDÃO

210 Cf. Nabuco, J. *Manifesto da sociedade brasileira contra a escravidão*, 1880.

211 Nabuco, J. *Minha formação*. Edições do Senado, 2019.

212 Nabuco, J. *O abolicionismo*. Senado Federal, 2003.

213 *Manifesto da Confederação Abolicionista do Rio de janeiro*. Typ. da Gazeta da Tarde, 1883.

214 Nabuco, J. *O abolicionismo*. Senado Federal, 2003. p. 67.

215 Cf. jornal *O abolicionista*, 1º de dezembro de 1880.

## CAPÍTULO 15 · 1885 · O TRÂMITE E APROVAÇÃO DA LEI DOS SEXAGENÁRIOS

216 Cf. Anais da Câmara dos Deputados. Sessão de 28 de julho de 1884, p. 404.

217 Cf. A Abolição no Parlamento. Vol. II, 2012, p. 156.

218 Cf. Anais da Câmara dos Deputados. Julho de 1885.

219 Nabuco, J. *O abolicionismo*. Senado Federal, 2003, p. 52.

**CAPÍTULO 16 · 1888 · A PRINCESA ISABEL ENTRA EM CENA: A LEI ÁUREA**

220 Cf. Falas do trono: D. Pedro I, D. Pedro II e Princesa Isabel. Senado Federal, Conselho Editorial, 3 de maio de 1888.

221 Nabuco, J. *O abolicionismo*. Senado Federal, 2003, p. 25.

222 Cf. Anais do Senado do Império do Brasil. Sessão de 12 de maio de 1888, pp. 41-3.

223 Cf. Anais do Senado do Império do Brasil. Sessão de 13 de maio de 1888, pp. 45-8.

224 Nabuco, J. *O abolicionismo*. Senado Federal, 2003, p. 159.

225 Cf. Anais do Senado do Império do Brasil. Sessão de 13 de maio de 1888, p. 48.

226 Cf. Anais do Senado do Império do Brasil. Sessão de 13 de maio de 1888, p. 48.

**CAPÍTULO 17 · 1887 · A LIBERDADE COMO "O MAIOR BEM QUE POSSUÍMOS SOBRE A TERRA"**

227 Magalhães Jr., R. *Deodoro — a espada contra o Império*. Editora Nacional, 1957, pp. 317-8.

228 Lacombe, L. L. *Isabel, a princesa redentora*. Instituto Histórico de Petrópolis, 1989, p. 229.

229 *Ibid.*, Id.

230 Nabuco, J. *O abolicionismo*. Senado Federal, Brasília, 2003, p. 27.

231 *Ibid.*, p. 38.

232 *Ibid.*, p. 56.

233 *Ibid.*, p. 49-50.